TROPICÁLIA EM TELA
POLÍTICA E DESBUNDE NA TV

Editora Appris Ltda.
1.ª Edição - Copyright© 2024 do autor
Direitos de Edição Reservados à Editora Appris Ltda.

Nenhuma parte desta obra poderá ser utilizada indevidamente, sem estar de acordo com a Lei nº 9.610/98. Se incorreções forem encontradas, serão de exclusiva responsabilidade de seus organizadores. Foi realizado o Depósito Legal na Fundação Biblioteca Nacional, de acordo com as Leis nos 10.994, de 14/12/2004, e 12.192, de 14/01/2010.

Catalogação na Fonte
Elaborado por: Dayanne Leal Souza
Bibliotecária CRB 9/2162

Z777t
2024
	Zincone, Rafael
	   Tropicália em tela: política e desbunde na TV / Rafael Zincone. – 1. ed. –
	Curitiba: Appris, 2024.
	   155 p. ; 21 cm. – (Coleção Ciências da Comunicação).
	
	   Inclui referências.
	   ISBN 978-65-250-7001-8
	
	   1. Tropicália. 2. Televisão. 3. Política. 4. Música. 5. Cotidiano. I. Zincone, Rafael
	II. Título. III. Série.
	
	                                                                   CDD – 302.2345

Livro de acordo com a normalização técnica da ABNT

Appris editora

Editora e Livraria Appris Ltda.
Av. Manoel Ribas, 2265 – Mercês
Curitiba/PR – CEP: 80810-002
Tel. (41) 3156 - 4731
www.editoraappris.com.br

Printed in Brazil
Impresso no Brasil

RAFAEL ZINCONE

TROPICÁLIA EM TELA
POLÍTICA E DESBUNDE NA TV

Appris
editora

CURITIBA, PR

2024

FICHA TÉCNICA

EDITORIAL
Augusto Coelho
Sara C. de Andrade Coelho

COMITÊ EDITORIAL
Ana El Achkar (Universo/RJ)
Andréa Barbosa Gouveia (UFPR)
Antonio Evangelista de Souza Netto (PUC-SP)
Belinda Cunha (UFPB)
Délton Winter de Carvalho (FMP)
Edson da Silva (UFVJM)
Eliete Correia dos Santos (UEPB)
Erineu Foerste (Ufes)
Fabiano Santos (UERJ-IESP)
Francinete Fernandes de Sousa (UEPB)
Francisco Carlos Duarte (PUCPR)
Francisco de Assis (Fiam-Faam-SP-Brasil)
Gláucia Figueiredo (UNIPAMPA/ UDELAR)
Jacques de Lima Ferreira (UNOESC)
Jean Carlos Gonçalves (UFPR)
José Wálter Nunes (UnB)
Junia de Vilhena (PUC-RIO)

Lucas Mesquita (UNILA)
Márcia Gonçalves (Unitau)
Maria Aparecida Barbosa (USP)
Maria Margarida de Andrade (Umack)
Marilda A. Behrens (PUCPR)
Marília Andrade Torales Campos (UFPR)
Marli Caetano
Patrícia L. Torres (PUCPR)
Paula Costa Mosca Macedo (UNIFESP)
Ramon Blanco (UNILA)
Roberta Ecleide Kelly (NEPE)
Roque Ismael da Costa Güllich (UFFS)
Sergio Gomes (UFRJ)
Tiago Gagliano Pinto Alberto (PUCPR)
Toni Reis (UP)
Valdomiro de Oliveira (UFPR)

SUPERVISORA EDITORIAL
Renata C. Lopes

PRODUÇÃO EDITORIAL
Daniela Nazario

REVISÃO
Manuella Marquetti

DIAGRAMAÇÃO
Bruno Nascimento

CAPA
Eneo Lage

REVISÃO DE PROVA
Sabrina Costa

COMITÊ CIENTÍFICO DA COLEÇÃO CIÊNCIAS DA COMUNICAÇÃO

DIREÇÃO CIENTÍFICA
Francisco de Assis (Fiam-Faam-SP-Brasil)

CONSULTORES
Ana Carolina Rocha Pessôa Temer (UFG-GO-Brasil)
Antonio Hohlfeldt (PUCRS-RS-Brasil)
Carlos Alberto Messeder Pereira (UFRJ-RJ-Brasil)
Cicilia M. Krohling Peruzzo (Umesp-SP-Brasil)
Janine Marques Passini Lucht (ESPM-RS-Brasil)
Jorge A. González (CEIICH-Unam-México)
Jorge Kanehide Ijuim (Ufsc-SC-Brasil)
José Marques de Melo (*In Memoriam*)
Juçara Brittes (Ufop-MG-Brasil)
Isabel Ferin Cunha (UC-Portugal)
Márcio Fernandes (Unicentro-PR-Brasil)
Maria Ataíde Malcher (UFPA-PA-Brasil)

Maria Berenice Machado (UFRGS-RS-Brasil)
Maria das Graças Targino (UFPI-PI-Brasil)
Maria Elisabete Antonioli (ESPM-SP-Brasil)
Marialva Carlos Barbosa (UFRJ-RJ-Brasil)
Osvando J. de Morais (Unesp-SP-Brasil)
Pierre Leroux (Iscea-UCO-França)
Rosa Maria Dalla Costa (UFPR-PR-Brasil)
Sandra Reimão (USP-SP-Brasil)
Sérgio Mattos (UFRB-BA-Brasil)
Thomas Tufte (RUC-Dinamarca)
Zélia Leal Adghirni (UnB-DF-Brasil)

PREFÁCIO

Respeitável público! Bem vindos à leitura de *Tropicália em tela: política e desbunde na TV*! Trata-se de estudo original sobre a ascensão do circo eletrônico no Brasil e a maneira como um grupo de músicos talentosos costurou vanguarda, tradição, mudanças comportamentais, engajamento político e tino para o *show business*, na lida com a nascente televisão comercial brasileira enquanto fenômeno de massa, em plena ditadura civil militar.

Seria possível promover inovação estética e engajamento político em um meio de comunicação que vive de espaço publicitário e busca audiências cada vez maiores? E em plena ditadura civil militar? Como produzir uma síntese inovadora entre a música brasileira tradicional — entendida como expressão da cultura popular pela esquerda da época, com a qual os tropicalistas tendiam a se alinhar —, as inovações trazidas pela bossa nova e a música pop estrangeira, principalmente inglesa e norte-americana, com a qual a juventude urbana de então se sentia mais próxima do que com as tradições regionais ou populares do Brasil? Seria possível e desejável atualizar, naquele novo contexto, a antropofagia dos modernistas, que diante de um conflito similar entre defesa de tradições nacionais e abertura a inovações vindas de fora, defendiam de modo alegórico uma mesclagem criteriosa e criativa de ambas, renovando a identidade nacional?

Nesse novo contexto, segunda metade da década de 1960, a contracultura convivia com o horizonte ainda aberto de revoluções políticas, com as experiências chinesa e cubana bem próximas no horizonte da memória; os Beatles aliavam de maneira inédita um sucesso comercial sem precedentes com ousadas inovações formais; havia a guerra fria e a guerra quente do Vietnã; tínhamos uma TV dando os seus primeiros passos, em busca de sua identidade. Tal contexto permitiria, talvez, e permitiu, de fato, brechas para inovações formais num veículo cujo modelo de negócios não tende a favorecê-las, sob um regime político autoritário pouco propenso a tolerá-las.

É disso que trata este livro, com atenção não só à música, mas igualmente ao visual tropicalista em sua aventura televisiva, já que a TV é, por excelência, um meio audiovisual.

O autor, Rafael Zincone, é formado em Economia pela UFRJ, com mestrado em Mídia e Cotidiano na UFF (onde tive o prazer de orientá-lo) e doutorado em Comunicação na PUC-RJ. Sua formação, aliada a seu gosto pessoal, facultaram-lhe desenvolver um olhar transdisciplinar, culto, sensível e crítico para o seu objeto de estudo, a relação entre o movimento artístico conhecido como Tropicalismo e a indústria cultural brasileira, com destaque para a televisão.

Rafael Zincone, assim, apresenta ao público lusófono interessado no Tropicalismo, e no contexto político, econômico, cultural e midiático no qual emergiu e sobre o qual incidiu, uma obra que deve entrar no rol da produção acadêmica de referência sobre esse movimento artístico e político, seus protagonistas e antagonistas, sua época, sua fortuna estética e crítica. Sobre esta última, destaco o fato de que o autor articula com desenvoltura a perspectiva da Economia Política da Comunicação e da Cultura — com seu foco nos condicionamentos econômicos e políticos da produção cultural no âmbito das indústrias culturais — com a abordagem dos Estudos Culturais, que tende a privilegiar uma mirada mais culturalista desses produtos e de sua recepção. Por mirada culturalista refiro-me a certo entendimento que se concentra na autonomia relativa do campo da cultura, para tomar emprestada uma noção cara à Bourdieu, em relação aos campos econômico e político. Nessa mirada, questões de ordem formal, identitária, de gênero e étnico raciais ganham crescentemente relevo, a partir da década de 1980, em relação às de ordem classista ou ideológica, que recebiam mais atenção dos Estudos Culturais nas duas décadas anteriores, quando pouco se diferenciavam da economia política da comunicação e da cultura, a não ser por sua ênfase inovadora na recepção midiática enquanto polo ativo, produtor de sentido.

A desenvoltura que atribuímos a Zincone no trato desse problema teórico reside no fato que ele consegue desenvolver seu argumento conservando uma tensão produtiva entre essas abordagens aparentadas, mas diferentes, sem cair no economicismo nem num superdimensionamento da autonomia relativa da cultura, que um emprego apressado de cada uma das perspectivas arrisca promover.

O livro, porém, não se detém nessa discussão, dedicando-lhe o espaço estritamente necessário para situar o leitor em um cenário rico em detalhes, que apresenta episódios marcantes relativos aos artistas ligados ao tropicalismo, junto ao debate que se travou então entre alguns dos principais pensadores da economia, da política, da comunicação, da cultura e da música brasileira. Rafael Zincone ao mesmo tempo demonstra a atualidade desse debate e o atualiza com suas reflexões originais. Portanto, mais uma vez, bem vindos à leitura de *Tropicália em tela: política e desbunde na TV*!

Marco Schneider

Professor do Departamento de Comunicação Social da Universidade Federal Fluminense (UFF), do Programa de Pós-Graduação em Ciência da Informação - PPGCI-Ibict/ECO-UFRJ e do Programa de Pós-Graduação Mídia e Cotidiano - PPGMC-UFF. Pesquisador do Instituto Brasileiro de Informação em Ciência e Tecnologia (Ibict). Doutor em Ciências da Comunicação pela Universidade de São Paulo (ECA-USP).

APRESENTAÇÃO

"Parabolicamará", canção composta por Gilberto Gil em 1992, arranha nas entrelinhas a proposta deste livro. O neologismo que dá título à música nos remete ao hibridismo tropicalista de anos anteriores. A referência à antena de televisão e a *camará* — uma planta nativa ou saudação de capoeira — mais uma vez põe em cena o rito antropofágico de deglutir o que nós é aparentemente externo para fortalecer e exaltar o que é tipicamente nosso.

Embora, nos tempos dos festivais de 1967 e 1968, a TV ainda não operasse no sistema de satélites e parabólicas — e muito menos no digital! —, a metáfora da música remete ao tema central deste livro. A crescente *infomaré* do final dos anos 1960 antecipa alguns dilemas culturais e tecnológicos que a canção de Gil viria a sintetizar. Assim como a questão que, anos depois, colocaria em "Pela internet": "Com quantos gigabytes se faz uma jangada, um barco que veleje?". Em tempos de algoritmos, plataformas e inteligência artificial nos dias de hoje, desafios envolvendo comunicação, política e cultura mantêm-se não apenas atuais, mas ganham outro impulso.

Durante período marcado por ditadura militar, a televisão brasileira começava a se consolidar como meio de comunicação de massa. Naquele cenário, artistas encontraram um espaço audiovisual para difundir ideias e provocar (*por que não?*) uma sociedade. Por meio de suas performances televisivas, os tropicalistas anunciavam o *desbunde*, uma nova forma de encarar os desafios políticos de então com irreverência, ironia, alegria a até o mais sombrio pessimismo.

Assim, este livro é edição revista e atualizada de dissertação de mestrado defendida no Programa de Pós-Graduação em Mídia e Cotidiano da UFF em 2017. Baseado nos Estudos Culturais, apresenta detalhes de como a televisão no Brasil se tornou palco para o movimento tropicalista e oferece uma interpretação das aparições e performances dos artistas em meio à ditadura.

Além do contexto histórico da Tropicália, a obra convida a refletir sobre possíveis relações entre arte, música e política nas mídias, inclusive diante de desafios políticos atuais.

Boa leitura!

O autor

SUMÁRIO

INTRODUÇÃO 13

CAPÍTULO 1
TROPICÁLIA E A INDÚSTRIA CULTURAL BRASILEIRA.....................25
1.1 A Tropicália e o mercado de bens simbólicos no Brasil...............................25
1.2 O papel da televisão...43

CAPÍTULO 2
DA VIDA PARA O PALCO, DO PALCO PARA A VIDA:
TROPICALISMO NA TV 55
2.1 "Alegria, alegria" e "Domingo no parque": os baianos no festival de 1967....70
2.2 "Alô, alô, Teresinha": moda, cafonismo e Caetano no Chacrinha..........78
2.3 *Vida, Paixão e Banana do Tropicalismo*..84
2.4 "É Proibido Proibir": a contracultura entra em cena.............................93
2.5 "Tudo é perigoso, tudo é divino, maravilhoso": um programa
tropicalista na TV..104

CAPÍTULO 3
ENTRANDO E SAINDO DAS ESTRUTURAS.......................................109
3.1 Entre a "senzala" e a "casa grande", quem participa da dança tropicalista? ..121
3.2 Liberdade de criação e mídia como campo de batalha..............................127

CONCLUSÃO...137

REFERÊNCIAS..145

INTRODUÇÃO

No programa *Vox Populi* da TV Cultura, ao ar em 1978, o jornalista Geraldo Mayrink perguntava a Caetano Veloso:

> Caetano, quem são verdadeiramente seus inimigos? O que você anda fazendo? Por que você fala tanto em patrulhas e radiopatrulhas? Você não acha que seria mais ético, mais profissional inclusive, você se servir dos meios de comunicação de massa – de que você se serve largamente – para falar mal dos meios de comunicação de massa? Em vez de encomendar um anúncio para a multinacional para a qual você trabalha e pagar como anúncio "Caetano Veloso"? Ou você acha que imprensa, de acordo com o governo, é feita só para elogiar e só?[1].

Décadas depois, em 2012, a resposta do cantor voltou a repercutir no YouTube e virou *meme* nas redes sociais:

> Não, você é burro, cara, que loucura! Como você é burro! Que coisa absurda! Isso aí que você disse é tudo burrice, burrice... Eu não consigo muito bem gravar o que você fala porque você fala de uma maneira burra, entendeu? Eu não falo tanto em patrulha. Eu acho graça que tantos jornalistas me perguntam sobre patrulha. E acho curioso – acabei de falar – que essa expressão que o Cacá Diegues falou tenha tido tanta repercussão e tenha tido tanto sucesso. Porque esse assunto para mim é velho. Eu não acho que a imprensa seja feita só para elogiar. De jeito nenhum. Jamais disse isso. Se você pensa que você pode deduzir isso das coisas que eu falo, você é mais burro do que parece quando fez a pergunta. [...][2].

---

[1] TV CULTURA. Vox Populi - Caetano Veloso. **YouTube**, 27 jul. 2012. Disponível em: https://www.youtube.com/watch?v=P_eJM8LiqU0. Acesso em: 20 jul. 2024. s/p.

[2] *Idem.*

O assunto da querela, aliás, é de grande valia nesta pesquisa. Ainda hoje, é pertinente a problemática em torno do papel do artista crítico/engajado nas estruturas do *mainstream*. Neste livro, exploro algumas ambiguidades do tropicalismo na televisão para pensar os limites da arte engajada na mídia de massa e também suas potencialidades, ainda nos dias de hoje.

Em 2027, a Tropicália comemorará 60 anos. As celebrações e manifestações públicas sobre o tropicalismo têm sido uma constante nos últimos anos, mantendo vivo o legado desse movimento. Entre 2015 e 2016, artistas como Caetano Veloso e Gilberto Gil realizaram turnê conjunta intitulada *Dois Amigos, Um Século de Música*, iniciando cada show com a música Tropicália. Em *Tropicália 2*[3] celebraram os 25 anos do movimento com álbum homônimo. Esse projeto, à época, também de Caetano e Gil, foi amplamente aclamado pela crítica e ajudou a revitalizar o interesse pelo movimento.

Ao longo dos anos, Caetano Veloso continuou a explorar e inovar musicalmente. Lançou uma série de álbuns que mesclaram MPB com rock, música eletrônica, funk e outros gêneros, sempre mantendo uma postura reflexiva em relação ao mundo e às estéticas musicais em circulação. Nos álbuns *Cê* (2006), *Abraçaço* (2012), *Ofertório* (2018) e *Meu Coco* (2021), manteve vivo o espírito tropicalista através da experimentação sonora, letras engajadas e colaborações artísticas. Em disco mais recente, *Meu Coco* (2021) fala da importância de Tom Jobim, Jorge Ben, Pixinguinha, Duda Beat, Marília Mendonça, Milton Nascimento, Djonga e Gloria Groove para um Brasil que samba[4], além de tecer críticas aos malefícios do Vale do Silício.

A atualidade tropicalista de Gilberto Gil, por sua vez, ultrapassa o campo da música. Uma vez conhecido como "ministro tropicalista" durante sua gestão no MinC de 2003 a 2009, incorporou princípios do tropicalismo em políticas culturais, promovendo

---

[3] VELOSO, C.; GIL, G. **Tropicália 2**. [*S.l.*]: PolyGram, 1993. 1 CD (50 min, 12 s). 33 1/3 rpm, estéreo.

[4] ELIAS, A. "Meu Coco": o olhar para dentro de Caetano Veloso. **Culturadoria**, 23 nov. 2021. Disponível em: https://culturadoria.com.br/caetano-veloso-meu-coco/. Acesso em: 20 jul. 2024.

diversidade, inovação e inclusão. Entre diversos feitos, incentivou a experimentação artística e o uso de tecnologias digitais mediante programas como *Cultura Viva* e *Pontos de Cultura*. A respeito de sua possível nomeação pelo então recém eleito presidente Lula em 2002, sofreu certa oposição no próprio PT e em quadros mais tradicionais da esquerda. Gil lançava então uma provocação na imprensa: "o povo sabe que está indo para lá [para o governo] um tropicalista!"[5]. Aproveitava, assim, para reafirmar sua visão sobre cultura brasileira, contrariando certa ortodoxia militante. Diante dessa declaração e da ambiguidade tropicalista, o antropólogo Hermano Vianna lançou a seguinte provocação: "é melhor ouvir bem o que Gil disse nos jornais [...] 'nunca vou ser um militante de esquerda bem comportado'; 'nunca vou ser um nativo facilmente manipulado por tendências estético-políticas da moda; 'nunca vou me adequar a uma cartilha'[6].

Nos últimos anos de sua carreira, Gal Costa lançou discos como *Recanto* (2011), *Estratosférica* (2015), *A pele do futuro* (2018) e *Nenhuma dor* (2022). No primeiro deles, com versos assinados por Caetano, a hibridação antropofágica se fez presente com técnicas computadorizadas de som misturadas com ritmos populares como o funk. Em letras como "Neguinho", viu-se uma análise do Brasil dos inícios de 2010: "Neguinho compra três TVs de plasma/ um carro/ um GPS/ e acha que é feliz"[7]. A letra fazia menção a uma classe social em ascensão numa nova sociedade de consumo. Em *Estratosférica* (2015) e *A Pele do Futuro* (2018), Gal explorou uma vasta gama de influências musicais, desde a música eletrônica até o funk, passando pelo rock e a MPB tradicional. Em suas apresentações ao vivo, sobretudo depois de *Recanto* (2011), Gal retomou uma postura visual e performática desafiadoras de normas estéticas, inspirando novas gerações de músicos e fãs.

---

[5] VIANNA, H. Políticas da tropicália. *In:* BASUALDO, C. (org.) **Tropicália** - uma revolução na cultura brasileira [1967-1972]. São Paulo: Cosac Naify, 2007. p. 131-139. p. 131.

[6] *Ibidem*, p. 134.

[7] NEGUINHO. Intérprete: Gal Costa. Compositor: Edu Lobo e Gianfrancesco Guarnieri. *In:* **RECANTO**. Intérprete: Gal Costa. Rio de Janeiro: Universal Music Group, 2011. 1 CD, faixa 5 (5m35s).

Rita Lee, ex-integrante de Os Mutantes, permaneceu uma figura irreverente e crítica, abordando temas sociais e políticos em suas letras. Sua carreira solo de grande sucesso incorporou o caráter hibridista do tropicalismo, mantendo viva a chama de inovação e contestação que caracterizou sua carreira desde o início. Álbuns como *Fruto Proibido* (1975), *Rita Lee* (1980), entre muitos outros, destacaram seu estilo provocador, sem perder um tom lúdico, pop e desobrigado de qualquer cartilha militante.

Por selo independente, Tom Zé lançou em 2012 *Tropicália, lixo lógico*. Como em *Recanto* de Gal, a sociedade brasileira é vista nesse disco pelo prisma tropicalista: do "Brasil absurdo", contraditório e aparentemente alegre. No efeito de uma superficialidade feliz, residiria o drama social brasileiro: "o consumismo como praticamente o único horizonte de integração social, porém, sem a efetiva elevação social e sem a devida promoção humana"[8]. Ousou esteticamente na experimentação (tanto que o CD foi recusado por gravadoras)[9]. Tom Zé também reinterpretou a Tropicália 45 anos depois de encerrado o movimento. Nesse disco, referiu-se ao tropicalismo como "ponto máximo" do choque entre a "cultura aristotélica" (gráfica, formalista) e da "cultura moçárabe" (ligada a tradições orais, bastante presente no interior do Nordeste brasileiro)[10].

Embora este livro se concentre nos artistas tropicalistas que tiveram protagonismo nas telas da televisão entre 1967 e 1968, é

---

[8] VALVERDE, A. J. R. Estudando Tom Zé: Tropicália e o Lixo Lógico. **Revista de Filosofia Aurora,** Curitiba, v. 26, n. 39, p. 867-886, jul./dez. 2014. p. 874.

[9] *Idem.*

[10] Tom Zé elaborou uma complexa tese com um sem fim de referências que vão da Escola de Sagres — reunião de navegadores portugueses do século XV — a canções provençais, trovadores e cultura árabe, celta, assíria e egípcia. O disco fala de alumbramentos e oralidade (próprios da cultura moçárabe) nos primeiros estágios de conhecimento de crianças até dois anos, que ele chama de "analfatóteles da creche tropical". Por volta dos sete anos, elas seriam apresentadas à lógica de Aristóteles. A soma disso com todo o conhecimento "virgem" anterior constitui o que Tom Zé batiza de "lixo lógico", que ficaria no "limbo do hipotálamo" de protagonistas da Tropicália como Caetano e Gil. De acordo com essa lógica, Caetano e Gil deflagram o adormecido "lixo lógico" e, consequentemente, deflagram o tropicalismo em 1967, inspirados por Zé Celso, Hélio Oiticica, Zé Agripino de Paula, Glauber Rocha, Rogério Duarte, a retomada dos conceitos de Oswald de Andrade, Os Mutantes (esses elementos são para Tom Zé o "gatilho disparador") (NOBILE, L. Em novo disco, Tom Zé estuda as origens remotas do tropicalismo. **Folha de São Paulo**, São Paulo, 25 jul. 2012).

crucial reconhecer a importância de nomes fundamentais para o movimento como Torquato Neto, o artista gráfico Rogério Duarte e o poeta e letrista Capinam. Além de nomes que se tornariam fundamentais anos depois, como Jards Macalé e Wally Salomão. Entre esses, um destaque para os textos de Torquato nos cadernos de cultura do *Correio da Manhã*, *Jornal dos Sports* e *Última Hora*, marcados por ideias contestatórias e uma crítica direta.

Para além da revisitação do tropicalismo feita por seus próprios protagonistas, o documentário *Tropicália – o filme*, dirigido por Marcelo Machado, foi apresentado no 16º Festival Espanhol de Cinema de Málaga no ano de 2011. Roberto Schwarz, conhecido crítico literário marxista, publicou em 2012 ensaio inédito a respeito do livro *Verdade Tropical*, de Caetano Veloso[11], reacendendo, portanto, o debate político sobre o tema. Outro episódio que também reacendeu o debate político sobre a Tropicália deu-se em torno do polêmico show de Caetano e Gil em Israel. Em 2015, Roger Waters, ex-Pink Floyd, endereçou aos artistas brasileiros uma carta pedindo para que cancelassem o show no país em boicote aos ataques israelenses à Palestina[12]. Em apoio ao pedido de Waters, um grupo de internautas criou uma página no Facebook intitulada "Tropicália não combina com apartheid". Esta reforçava politicamente o pedido de boicote de Waters por meio da divulgação de notícias e demais conteúdos a respeito dessa visita. Esse evento provocou, por exemplo, o redespertar do termo "patrulheiros ideológicos" em artigo de Cacá Diegues no *Segundo Caderno d'O Globo* (este em defesa dos baianos)[13].

Quando falo em tropicalismo, refiro-me a vários aspectos de extrema relevância cultural e política — para além da música — que marcaram a década de 1960. A partir do golpe civil-militar de 1964, o Brasil iniciava uma de suas fases mais conturbadas politicamente, cujo ápice se dava no ano de 1968 com a instauração do

---

[11] VELOSO, C. **Verdade Tropical**. São Paulo: Companhia das Letras, 1997.

[12] ROGER Waters insiste para que Gil e Caetano cancelem show em Israel. **G1**, 10 jun. 2015. Disponível em: https://g1.globo.com/musica/noticia/2015/06/roger-waters-insiste-para-que-gil-e-caetano-cancelem-show-em-israel.html. Acesso em: 20 jul. 2024.

[13] DIEGUES, Cacá. *Mais Trevas*. **O Globo**, 5 jul. 2015.

Ato Institucional n.º 5. A partir de então, ficavam expressamente proibidas "atividades ou manifestação sobre assunto de natureza política"[14]. Qualquer escolha estética passaria a ser questionado. Nesse contexto de autoritarismo e de acirramento de disputas políticas entre esquerda e direita, tinha-se, no campo progressista, adeptos de uma arte como instrumento de conscientização popular e aqueles que apregoavam a arte "livre" e desapegada de um pragmatismo engajado (no sentido político partidário).

Sérgio Cohn e Frederico Coelho[15] definiam o tropicalismo como um evento cultural múltiplo, uma *movimentação cultural* nos campos da música, do teatro, da literatura, do cinema e das artes no geral, mais do que propriamente um movimento artístico organizado. Para Zé Celso, "o tropicalismo nunca existiu". "O que existiu", segundo ele, "foram rupturas em várias frentes"[16]. Ocorreu em 1967 a mostra *Nova Objetividade Brasileira*, realizada em abril no MAM-RJ, na qual Hélio Oiticica apresentou a instalação de Tropicália; da exibição, em maio, na mesma cidade, do filme *Terra em transe*, de Glauber Rocha; da proposição, por Lygia Clark, de suas *Máscaras Sensoriais*; da composição por Caetano Veloso da canção que tomaria emprestado o título do trabalho de Oiticica; da encenação, pelo grupo Oficina, da peça *O Rei da Vela*, de Oswald de Andrade, e da própria apresentação de Caetano e Gil, em outubro, no festival de música da TV Record de São Paulo[17].

No campo musical, a Tropicália surgia em contexto de crises do projeto da Música Popular Brasileira (MPB) diante da relativa hegemonia do produto cultural estrangeiro e ao sucesso do programa *Jovem Guarda* na TV. Evidência disso era o maior índice de

---

[14] Ver inciso III do texto original do AI-5 em: BRASIL. **Ato Institucional Nº 5, de 13 de dezembro de 1968**. Brasília: Senado Federal, 13 dez. 1968. Disponível em: http://legis.senado.gov.br/legislacao/ListaPublicacoes.action?id=194620. Acesso em: 20 jul. 2024.

[15] COELHO, F.; COHN, S. **Encontros – Tropicália**. Rio de Janeiro: Beco do Azougue, 2008.

[16] CORRÊA, J. C. M. Longe do Trópico Despótico. Diário, Paris, 1977. *In:* STAAL, A. H. C. **Zé Celso Martinez Corrêa**: Primeiro Ato Cadernos, Depoimentos, Entrevistas (1958-1974). São Paulo: Editora 34, 1998.

[17] SUSSEKIND, F. Brasil de fins dos anos 60. *In:* BASUALDO, C. (org.). **Tropicália** - uma revolução na cultura brasileira [1967-1972]. São Paulo: Cosac Naify, 2007. p. 31-56. p. 32.

audiência desse programa em comparação com *O Fino da Bossa*, de Elis Regina. É bom pontuar que, segundo Christopher Dunn[18], a MPB era definida menos pelo que era do que pelo que não era. Não era rock, associado a uma moda importada passageira, nem era música popular tradicional, mais tipicamente identificada com o samba urbano ou com várias formas de música rural regionais. Era, antes, uma categoria híbrida que surgia das sensibilidades pós-bossa nova, mas na qual estavam presentes valores estéticos e preocupações sociais ligadas ao imaginário nacional-popular. Sua operação mais básica era fundir "tradição" com "modernidade" sem sucumbir às pressões da popularidade emergente do iê-iê-iê.

Vale lembrar que, quando se fala em MPB, fala-se indiretamente de um amplo debate nacional em torno da modernização. A questão do "moderno" protagonizou discussões em vários campos de conhecimento como: economia (industrialização/modernização), literatura (poesia concreta) e música ("música moderna", bossa nova, MPB, a própria Tropicália). Naquela época, a música autenticamente brasileira deveria estar afinada com a ideia de "identidade nacional" *vis-à-vis* o debate travado por parte da intelectualidade de esquerda em meados da década de 1960[19]. No livro *Cultura Brasileira e Identidade Nacional* (1985), Renato Ortiz explica que a ideia de "nacional" era diretamente associada à ideia de "popular" para grande parte dos intelectuais de esquerda no

---

[18] DUNN, C. Tropicália: modernidade, alegoria e contracultura. *In:* BASUALDO, C. (org.). **Tropicália** - uma revolução na cultura brasileira [1967-1972]. São Paulo: Cosac Naify, 2007. p. 59-80. p. 61.

[19] Nesse debate, que envolvia quadros do Partido Comunista Brasileiro e do Instituto Superior de Estudos Brasileiros (ISEB) — Nelson Werneck Sodré, por exemplo —, a ideia geral era a de que a "identidade nacional" estaria identificada com o "popular" e com o homem fruto da miscigenação (ORTIZ, R. O mercado de bens simbólicos. *In:* ORTIZ, R. **Moderna tradição brasileira**. São Paulo: Editora Brasiliense, 1995. p. 133-148). O conceito de nacional-popular seria criado por Gramsci em seus *Cadernos do Cárcere* e apareceria nos volumes 5 e 6. Nesse conceito está presente uma reflexão sobre o descompasso entre os intelectuais de seu país e seu povo, impossibilitando a existência de uma literatura nacional-popular na Itália. A noção também se relaciona à formação de uma vontade coletiva, um consenso em que a vontade popular esteja presente. No Brasil, ele foi utilizado para designar as músicas engajadas dos anos 1950 e 1960, cujas temáticas se aproximavam dos temas da nação e do povo (MONNERAT, H. C. **A politização da arte e a estetização da política, por que não?** – o Tropicalismo e seu legado. 2013. 257 f. Dissertação (Mestrado em Ciência da Literatura/Teoria Literária) – Faculdade de Letras, Universidade Federal do Rio de Janeiro, Rio de Janeiro, 2013).

Brasil. Por essa razão, estilos musicais brasileiros afinados, de uma forma ou de outra, à estética estrangeira, como a jovem guarda e o próprio tropicalismo, eram vistos de forma suspeita (até mesmo como adversários) pela corrente nacionalista.

Em entrevista para o programa *O Som do Vinil – Tropicália*, apresentado em maio de 2011 no Canal Brasil[20], Caetano diz que a primeira de suas preocupações era a "linha evolutiva da música popular brasileira", em sintonia com um ideário mais geral em torno da *modernização*. Ele apresenta essa questão no momento em que os rumos da MPB eram debatidos por músicos e por segmentos da intelectualidade brasileira. Uma segunda questão importante para o artista — e de maior relevância para nossa pesquisa — dizia respeito aos meios de comunicação de massa, como a televisão, e a própria formatação desses meios, que privilegiava uma estética para consumo, pop e de fácil assimilação. Nas palavras de Caetano, pretendiam com a Tropicália ser, portanto, "cultura de massas e mexer com ela"[21]. A fórmula dessa apropriação estaria na antropofagia do modernismo oswaldiano.

Antropofagia, no sentido original, era uma prática cultivada por diversas tribos indígenas brasileiras: devorar seres humanos não por uma necessidade alimentar, e sim para incorporar suas melhores propriedades. Os indígenas da nação tupinambá demonstravam imensa admiração pelo objeto de sua aversão. Não havia espaço para o ódio entre diferentes. Conforme Marcelo Paixão: "tal prática, no fundo, não deixava de ser uma forma de adorar o outro"[22]. A música pop, o rock, a jovem guarda, os programas de auditório da televisão eram objetos de adoração da maior parte dos tropicalistas, o que não significa que os artistas não pudessem ser críticos a algo de que gostavam.

---

[20] URBANO Santiago. O Som do Vinil - Tropicália - Parte 1. **YouTube**, 4 mar. 2012. Disponível em: https://www.youtube.com/watch?v=yEh2IqtoER8. Acesso em: 20 jul. 2024. s/p.

[21] *Idem*.

[22] PAIXÃO, M. Antropofagia e racismo: uma crítica ao modelo brasileiro de relações raciais. **Flacso Brasil**, p. 1-45, 2015. Disponível em: https://flacso.org.br/files/2015/10/antropofagia-e-racismo--marcelo-paixão.pdf. Acesso em: 20 jul. 2024. p. 3.

A respeito da controvérsia brasilidade vs. universalismo, os principais intelectuais debatedores daquele período foram José Ramos Tinhorão e Augusto de Campos. Suas principais obras foram respectivamente: *Música Popular: um tema em debate* (1966)[23] e *Balanço da bossa e outras bossas* (1967)[24]. O primeiro defendia a ala nacionalista da música popular, descartando a Tropicália como alternativa criativa de apropriação da música estrangeira. O segundo, um poeta concretista de São Paulo, defendia esta estética (assim como a bossa nova e até a própria jovem guarda) como uma alternativa bem-sucedida de absorção da moda internacional, sem que com isso deixasse de ser música brasileira e de qualidade. Posteriormente, Roberto Schwarz escreveu em seu exílio na França o artigo *Cultura e Política: 1964-1969*[25], tratando da produção cultural no Brasil entre os anos de 1964 e o ano de 1969 (intervalo entre o golpe militar e o endurecimento do regime em decorrência do AI-5). Entre outras manifestações culturais, Schwarz destaca o tropicalismo e se coloca como crítico e adversário do movimento por considerá-lo um deboche da arte militante das esquerdas e dos Centros Populares de Cultura (CPCs) da UNE. Para além disso, argumenta que a estética de mistura e sincretismo dos baianos neutralizava as contradições sociais e políticas daquele tempo, algo que a música de protesto, em sua generalidade, buscava denunciar.

Concomitantemente às reflexões de Tinhorão, Campos e Schwarz, a televisão, valendo-se de incentivos governamentais nas áreas econômica e tecnológica, foi se consolidando no Brasil, entre as décadas de 1960 e 1970, como veículo de comunicação de massa. No início da popularização da TV, os programas musicais passaram a ser peças centrais nas grades de programação[26]. Isso se justificava pelo sucesso dos programas musicais da Rádio Nacio-

---

[23] TINHORÃO, J. R. **Música Popular**: um tema em debate. Petrópolis: Vozes, 1966.

[24] CAMPOS, 1986.

[25] SCHWARZ, R. Cultura e Política, 1964-1969. *In:* SCHWARZ, R. **Cultura e Política**. 3. ed. São Paulo: Paz e Terra, 2009. p. 7-58.

[26] NAPOLITANO, M. A MPB na era da TV. *In:* RIBEIRO, A. P. G.; SACRAMENTO, I.; ROXO, M. (org.). **A história da TV no Brasil**: do início aos dias de hoje. São Paulo: Contexto, 2010. p. 85-106.

nal. Assim, à medida que a TV se massificava, um formato que já era consagrado no rádio se transpunha para o meio audiovisual.

No contexto da jovem guarda e do tropicalismo, a televisão apresentava-se como grande novidade na vida cotidiana de muitos brasileiros. Nesse cenário, importantes programas musicais foram criados, motivando uma mobilização inédita envolvendo público e música via TV. *O Fino da Bossa, Jovem Guarda, Bossaudade, Divino, Maravilhoso* e os festivais de música são alguns exemplos que marcaram época. Portanto, com um maior protagonismo da televisão na divulgação da música brasileira nos anos 1960, vários dos aspectos expostos pelos autores apresentados anteriormente estão intimamente associados a esse meio e a alguns dos programas televisivos. Nesse momento, o formato televiso passaria a influenciar o formato da canção[27]. Nesta obra, questiono a peculiaridade do tropicalismo naquele processo.

Parto aqui da hipótese geral de que a participação da Tropicália na mídia entre os anos de 1967 e 1969 no Brasil (especialmente na TV) consistiu em ocupação crítica e criativa de uma indústria cultural brasileira ainda pouco amadurecida. Isso tudo no sentido de questionar o *status-quo* de um regime autoritário, o padrão de comportamento de uma sociedade patriarcal (envolvendo casamento, corpo, sexualidade, racismo, drogas etc.), o resgate de manifestações culturais de tradição oral, o samba-canção e cantores do rádio que estavam fora de moda. O argumento geral deste estudo é de que o tropicalismo, principalmente a partir do som, da imagem e da performance televisiva, acionaria questões políticas pertinentes ao cotidiano e à vida privada.

A metodologia de pesquisa empregada integra o quadro de referências dos Estudos Culturais e da Economia Política da Comunicação e da Cultura. Vale lembrar que o fenômeno artístico não se dissocia de engrenagens econômicas mais abrangentes, como

---

[27] PAIXÃO, C. R. **Televisão e Música Popular na década de 60:** as vozes conflitantes de José Ramos Tinhorão e Augusto de Campos. 2013. 146 f. Dissertação (Mestrado em Comunicação) – Faculdade de Arquitetura, Artes e Comunicação, UNESP, Bauru, 2013.

as próprias condições materiais que possibilitavam aos artistas gravar, imprimir discos, fazer shows e frequentar estúdios de televisão. Conforme Lúcia Santaella[28], a produção cultural não se apresenta nas sociedades capitalistas como um epifenômeno, um mero reflexo decorativo de fenômenos econômicos e políticos. Estes são também dialeticamente determinados pela produção cultural.

Concebendo a história como espiral, ora ascendente ora descendente, não se pode estranhar a atualidade de problemas supostamente datados e, portanto, não exclusivos dos anos de 1967 e 1968. Nos dias de hoje, ao observar o fenômeno das guerras culturais, discursos de ódio, negacionismos, fake news, intolerâncias e preconceitos diversos, são percebidos desafios ainda não superados. Pode-se, então, refletir a importância da manifestação cultural — por meio das mídias — quando há restrito espaço para o que difere da lógica dominante. O caso histórico da Tropicália serve para isso, para se pensar as disputas de narrativa e atuais desafios encontrados na *indústria cultural*, bem como as ambiguidades e ambivalências presentes nas diversas mídias.

Este livro apresenta três capítulos. No primeiro, apresento um panorama da indústria cultural brasileira entre os anos de 1967 e 1968, em especial a televisão. No segundo, concentro-me nas manifestações midiáticas dos tropicalistas em programas de auditório. A partir desses registros, reflito sobre a práxis tropicalista na esfera do cotidiano. Por fim, à luz do tropicalismo como fenômeno histórico, reflito sobre os atuais desafios políticos em torno da democracia, das mídias e da produção cultural. Isso para lembrarmos que o passado não é algo domesticado e necessariamente distante. Assim, questiono: o que o tropicalismo de 1967 e 1968 nos diria ainda hoje sobre um cotidiano pensado e representado por meio da arte e da mídia?

---

[28] SANTAELLA, L. **Convergências:** poesia concreta e tropicalismo. São Paulo: Nobel, 1986.

CAPÍTULO 1

TROPICÁLIA E A INDÚSTRIA CULTURAL BRASILEIRA

1.1 A Tropicália e o mercado de bens simbólicos no Brasil

Nos anos 1960, o mundo foi palco de inúmeras transformações que afetaram, de forma muito acelerada, a vida cotidiana das pessoas. Segundo o historiador inglês Eric Hobsbawm (1994)[29], o mundo do pós-guerra e da recém-instalada Guerra Fria teria sido marcado pela exploração de novas tecnologias de produção, racionalização e padronização do processo produtivo (tantos em países capitalistas quanto em países do bloco socialista). Em seu livro *A era dos extremos: o breve século XX - 1914-1991*, Hobsbawm[30] informa que a partir dos anos 1950, sobretudo nos países desenvolvidos, muitas pessoas sabiam que os tempos tinham de fato melhorado (especialmente se suas lembranças alcançassem os anos da Segunda Guerra Mundial). Uma sociedade de "riqueza popular", de pleno emprego, só se tornaria concreta da década de 1960, quando a média do desemprego estacionaria em 1,5% na Europa Ocidental. No entanto, mesmo que a "Era de Ouro" dissesse essencialmente respeito aos países capitalistas desenvolvidos, Hobsbawm a define como um fenômeno global (embora a riqueza geral jamais chegasse à maioria da população do mundo).

O Brasil de meados de 1960 também foi caracterizado por um clima de otimismo. Juscelino Kubitschek, o "presidente bossa

---

[29] HOBSBAWM, E. J. **Era dos extremos:** o breve século XX, 1914-1991. São Paulo: Companhia das Letras, 2008.

[30] *Idem.*

nova", terminou seu mandato em janeiro de 1961 com altos índices de popularidade. Seu governo ficou marcado pela construção da nova capital Brasília e pelo audacioso *Plano de Metas*. A aceleração necessária para o cumprimento do plano de metas advinha de uma associação do Estado brasileiro com o capital estrangeiro. Tal aliança se deu sobretudo no fornecimento de tecnologias que ainda não existiam no Brasil e que eram, naquele momento, somente produzidas em países industrialmente desenvolvidos[31].

Nos anos JK, a industrialização foi priorizada como unidade chave do sistema econômico brasileiro. Assim, diferentemente do modelo de industrialização varguista, JK privilegiou a indústria de bens de consumo duráveis (automóveis, eletrodomésticos etc.) em lugar da indústria pesada (siderurgia, metalurgia). Conforme Hobsbawm[32], o modelo fordista de produção deixava de ser algo exclusivamente americano para se tornar um fenômeno mundial. Pondera-se, no entanto, que mesmo compartilhando do clima de otimismo e prosperidade decorrentes da era de ouro do capitalismo, o Brasil não compartilhava das mesmas condições estruturais de países capitalistas desenvolvidos.

No livro *Capitalismo dependente e classes sociais na América Latina*, Florestan Fernandes[33] descreve e analisa quatro grandes fases de dominação externa no nosso continente: o colonialismo, o neocolonialismo, o imperialismo e o imperialismo total. No contexto que denomina como "imperialismo total" ou "capitalismo monopolista", os Estados Unidos surgiram como potência dominante. Seria o momento de "surgimento das grandes corporações multinacionais, com suas ramificações comerciais, industriais e financeiras de alcance global"[34]. No pensamento de Florestan,

---

[31] OLIVEIRA, F de. **Crítica à razão dualista/O ornitorrinco**. São Paulo: Boitempo Editorial, 2015.

[32] HOBSBAWM, 2008.

[33] FERNANDES, F. **Capitalismo dependente e classes sociais na América Latina**. Rio de Janeiro: Zahar Editores, 1981.

[34] CASTELO, R. Presença de Florestan: subdesenvolvimento, capitalismo dependente e revolução no pensamento econômico brasileiro. *In:* MALTA, M. M. (coord.). **Ecos do desenvolvimento**: uma história do pensamento econômico brasileiro. Rio de Janeiro: IPEA, 2011. p. 291-328. p. 301.

"os germes do capitalismo competitivo"[35] se desdobravam para o capitalismo monopolista com o golpe de 1964. Identificando características semelhantes, Carlos Nelson Coutinho[36] menciona o "capitalismo monopolista de Estado (CME)", apontando o peso do Estado autoritário na articulação dessa etapa de dominação dos monopólios.

No afamado artigo *Dependência e desenvolvimento na América Latina*, Fernando Henrique Cardoso e Enzo Faletto[37] destacaram o peso das relações sociais de classe na condição de dependência do Brasil em relação a países desenvolvidos. A aliança do Estado ditatorial com o empresariado (principalmente os grupos transnacionais), somada a um fraco poder de barganha das classes trabalhadoras[38], definiria os contornos de um modelo de desenvolvimento capitalista dependente. Nessa análise, as classes dominantes brasileiras reproduziriam o padrão de consumo de uma já massificada classe média nos Estados Unidos.

Em 1974, Celso Furtado retomava essa discussão a partir da questão da cultura. Em *O mito do desenvolvimento econômico*[39], a atividade cultural era vista pelo autor como atividade econômica. No bojo de uma economia capitalista como a brasileira, a cultura e os meios de comunicação de massa desempenhariam importante função na manutenção da coalização de forças entre as classes sociais no Brasil. Sob o ponto de vista de Furtado, não seria possível isolar "economia" e "cultura" ou mesmo tratar esta

---

[35] CASTELO, 2011, p. 310.

[36] COUTINHO, C. N. Cultura e Sociedade no Brasil. *In:* COUTINHO, C. N. **Cultura e Sociedade no Brasil** – ensaios sobre ideias e formas. São Paulo: Expressão Popular, 2011. p. 495-520.

[37] CARDOSO, F. H.; FALETTO, E. Dependência e Desenvolvimento na América Latina. [1970]. *In:* BIELSCHOWSKY, R. (org.). **50 Anos de Pensamento da CEPAL.** Rio de Janeiro: Record, 2000. p. 35-72.

[38] No livro *Dialética do Desenvolvimento*, Celso Furtado explicou que diferentemente dos países capitalistas de primeiro mundo, os países capitalistas subdesenvolvidos como Brasil possuíam maior massa de desempregados — o que Marx chamaria de um maior exército industrial de reserva. A partir dessa ideia, Furtado sustentava o argumento de que a classe trabalhadora de países periféricos tinham menor poder de barganha salarial do que trabalhadores de países de primeiro mundo (lembrando que o salário nada mais é que o preço da mercadoria força de trabalho) (FURTADO, C. **Dialética do desenvolvimento**. Rio de Janeiro: Fundo de Cultura, 1964).

[39] FURTADO, C. **O mito do desenvolvimento econômico**. Rio de Janeiro: Paz e Terra, 1974.

última esfera como consequente reflexo da primeira. Além disso, Furtado passava a defender o argumento da *colonização cultural*, ou seja, as condições de dependência apresentadas por Cardoso e Faletto[40] teriam seus contornos também definidos pela influência cultural vinda do exterior.

De modo semelhante, Renato Ortiz[41] observou a formação do "mercado de bens simbólicos" no Brasil identificando nas décadas de 1960 e 1970 sua consolidação. A televisão se firmaria como veículo de massa em meados de 1960, enquanto o cinema nacional somente se estruturaria como indústria nos anos 1970. O mesmo pode ser dito de outras esferas da cultura popular de massa: indústria do disco, indústria editorial, publicidade etc. Dessa forma, o processo de estruturação, consolidação e transformação da mídia de massa no Brasil desse período pode dar uma ideia do impacto da colonização cultural no país. Ainda mais quando se tem em mente, nas afirmações de Florestan e Coutinho[42], a entrada do capitalismo brasileiro em sua fase monopolista.

Certamente, os militares brasileiros não inventaram o capitalismo, porém 1964 foi um momento de reorganização da economia brasileira, cada vez mais inserida no processo de internacionalização do capital[43]. Segundo Ortiz, a expansão das atividades culturais se fez associada a um controle estrito das manifestações que se contrapunham ao pensamento autoritário. Nesse ponto, entretanto, acentua que existia uma diferença entre um mercado de bens materiais e um mercado de bens culturais. O último envolveria uma dimensão simbólica e problemas ideológicos. Por essa razão, o Estado deveria tratar essa área de forma diferenciada. A cultura, afinal, poderia expressar valores e disposições contrárias

---

[40] CARDOSO; FALETTO, 2000.

[41] ORTIZ, R. O mercado de bens simbólicos. *In:* ORTIZ, R. **Moderna tradição brasileira**. São Paulo: Editora Brasiliense, 1995. p. 133-148.

[42] FERNANDES, 1981; COUTINHO, 2011.

[43] HERMANN, J. Reformas, endividamento externo e o milagre econômico (1964-73). *In:* VILLELA, A.; GIAMBIAGI, F.; HERMANN, J.; CASTRO, L. B. de. (org.). **Economia Brasileira Contemporânea:** 1945/2004. Rio de Janeiro: Campus, 2005. p. 69-92.

à vontade política do poder. O governo militar lançou, assim, o dispositivo da censura, que possuiria duas faces: uma repressiva e outra disciplinadora. A primeira dizia "não", sendo puramente negativa. A outra era mais complexa, afirmaria e incentivaria um determinado tipo de orientação.

Durante o período de 1964-1980, a censura não se definia exclusivamente para todo e qualquer produto cultural; ela agia como repressão seletiva que impossibilitava a emergência de determinado pensamento ou obra artística. Eram censuradas peças teatrais, filmes, livros, mas não o teatro, o cinema ou a indústria editorial. O ato censor atingiria a especificidade da obra, mas não a generalidade de sua produção. O movimento cultural pós-64 se caracterizava por duas vertentes não excludentes: i) a repressão ideológica e política e ii) aumento da quantidade produzida e difundida de bens culturais. A aparente contradição se justificava pelo fato de o próprio Estado autoritário ter sido o promotor do desenvolvimento capitalista no Brasil em sua forma mais avançada. Por isso a existência de censura institucional não poder ser desprezada no contexto do tropicalismo musical[44].

Como explica Roberto Schwarz, a produção cultural no Brasil ainda vivia sob relativa hegemonia das esquerdas no início da ditadura: "nos santuários da cultura burguesa, a esquerda dá o tom"[45]. Pondera, no entanto, que havia certa liberdade de manifestação política no campo das artes entre os anos de 1964 e de 1968. Segundo o autor, tal liberdade podia ser vista nas livrarias do Rio e de São Paulo, nas estreias teatrais, no movimento estudantil ou nas atuações do clero avançado. Tal hegemonia se concentrava nos grupos diretamente ligados à produção ideológica, tais como estudantes, artistas, jornalistas, parte dos sociólogos e economistas, religiosos, arquitetos etc. No entanto, não saía desse circuito e nem poderia — e por razões policiais. Assim como Ortiz, Schwarz[46]

---

[44] ORTIZ, 1995.
[45] SCHWARZ, 2009, p. 8.
[46] SCHWARZ, 2009.

esclarece que os intelectuais eram de esquerda, mas as matérias que preparavam, de um lado para comissões do governo e de outro para as rádios, televisões e jornais do país, não eram. Era de esquerda somente a matéria que o grupo produzia para consumo próprio. Com efeito, eram torturados e longamente presos somente aqueles que haviam organizado o contato com operários, camponeses, marinheiros, soldados. O governo Castelo Branco cortou as pontes entre o movimento cultural e as massas. No entanto, não impediu a circulação teórica ou artística do ideário de esquerda que se dava em meios restritos da classe média intelectualizada.

O Estado, por sua vez, afirmava-se ideologicamente por meio da Doutrina de Segurança Nacional. Podia-se dizer, resumidamente, que essa ideologia concebia o Estado como uma entidade política que detinha o monopólio da coerção, isto é, a faculdade de impor, inclusive pelo emprego da força, as normas de conduta a serem obedecidas por todos. Conforme Ortiz, tratava-se também de um Estado que era percebido como o centro nevrálgico de todas as atividades sociais relevantes em termos políticos, daí uma preocupação constante com a questão da "integração nacional". Partindo do pressuposto de uma sociedade formada por partes diferenciadas, era necessário pensar uma instância que integraria, a partir de um centro, a diversidade social. De uma certa forma, a Ideologia de Segurança Nacional substituiria o papel que as religiões desempenhavam nas "sociedades tradicionais" — a conciliação orgânica dos diferentes níveis sociais[47].

Reconhecia-se, portanto, que a cultura envolvia uma relação de poder. Para a ditadura, seria maléfica nas mãos de dissidentes e "subversivos", mas benéfica se endossada pelo poder autoritário. Percebia-se, pois, claramente a importância de se atuar junto às esferas culturais[48]. Por essa razão, Ortiz afirma que seria incentivada a criação de novas instituições, assim como se iniciaria todo um processo de gestação de uma política de cultura. São várias as

---

[47] ORTIZ, 1995.

[48] *Idem.*

entidades que surgiram no período — Conselho Federal de Cultura, Instituto Nacional do Cinema, Embrafilme, Funarte, Pró-Memória, entre outras. Reconhecia-se ainda, segundo o autor, a importância dos meios de comunicação de massa, sua capacidade de difundir ideias, de se comunicar diretamente com as massas, e, sobretudo, a possibilidade de criar estados emocionais coletivos. Com relação a esses meios, um manual militar se pronunciava de maneira inequívoca: "bem utilizados pelas elites constituir-se-ão em fator muito importante para o aprimoramento dos componentes da Expressão Política; utilizados tendenciosamente podem gerar e incrementar inconformismo"[49]. Conforme o autor, o Estado deveria, portanto, ser repressor e incentivador das atividades culturais.

Para Ortiz, talvez o melhor exemplo da colaboração entre o regime militar e a expansão dos grupos privados seria o da televisão[50]. Em 1965 foi criada a Embratel, que iniciava toda uma política modernizadora para as telecomunicações. Nesse mesmo ano o Brasil se associava ao sistema internacional de satélites (Intelsat), e em 1967 foi criado um Ministério das Comunicações. Inicia-se a construção de um sistema de micro-ondas, que seria inaugurado em 1968 (a parte relativa à Amazônia é completada em 1970), permitindo a interligação de todo o território nacional. Isso significa, para o autor[51], que as dificuldades tecnológicas das quais padecia a televisão na década de 1950 poderiam então ser resolvidas. O sistema de redes, condição essencial para o funcionamento da indústria cultural, pressuporia um suporte tecnológico que no Brasil, contrariamente aos Estados Unidos, era resultante de um investimento do Estado. Assim, não deixa de ser curioso observar que o que legitimaria a ação dos militares no campo da telecomu-

---

[49] Manual Básico da Escola Superior de Guerra, Departamento de Estudos MB-75, ESG, 1975, p. 121 *apud* ORTIZ, 1995, p. 116.

[50] Ver Sérgio MATTOS, "O Impacto da Revolução de 64 no Desenvolvimento da Televisão", **Cadernos INTERCOM**, ano 1, nº 2, março de 1982; sobre as inovações tecnológicas na área da telecomunicação, ver "Telecomunicações: Décadas de Profundas Modificações", **Conjuntura Econômica**, vol. 24, nº 1, janeiro de 1970. Indicações por Renato Ortiz (1995).

[51] ORTIZ, 1995.

nicação seria a própria ideologia da Segurança Nacional. Ortiz[52], portanto, afirma que a ideia da integração nacional era central para a realização dessa ideologia, que impulsionava os militares a promover toda uma transformação na esfera das comunicações.

Sérgio Caparelli, em seu livro *Comunicação de massa sem massa*[53], informa que nos primeiros 14 anos de televisão no Brasil (1950 a 1964) foram concedidos à exploração da iniciativa privada 33 canais de televisão e que, nos 14 anos seguintes (de 1964 a 1979), pela aplicação da Doutrina de Segurança Nacional, o número dessas concessões subiu para 112. Para o autor, esse quadro de aumento expressivo de concessões de rádio e TV, nos anos de ditadura, era preocupante sabendo-se que o Estado detinha (e detém) o monopólio de telecomunicações no país. Dessa forma, cabia ao Presidente da República a palavra final sobre quem exploraria esses canais. Ou seja, todos esses 112 canais de televisão surgiram, inevitavelmente, sob a tutela de um ditador.

No livro *Cultura brasileira: utopia e massificação (1950-1980)*, Marcos Napolitano[54] afirma que o ano de 1968 pode ser considerado o momento em que a televisão, efetivamente, tornou-se um veículo de massa. Naquele ano, o número de vendas de aparelhos televisores crescia significativamente nas capitais, embora o rádio continuasse sendo a principal mídia de massa por excelência. Apesar de nos interiores do país, e para extratos mais pobres da população, o rádio ser, à época, um meio mais acessível, a TV, de fato, era ainda fenômeno das capitais, porém se expandia para extratos mais baixos da classe média.

Em outro artigo de sua autoria, *A MPB na era da TV*, Napolitano[55] apresentou números referentes à quantidade de aparelhos de televisão na cidade de São Paulo entre os anos de 1966 e 1968. Entre janeiro de 1966 e janeiro de 1967, o número de unidades fami-

---

[52] *Idem.*

[53] CAPARELLI, S. **Comunicação de massa sem massa**. São Paulo: Summus, 1986.

[54] NAPOLITANO, M. **Cultura brasileira**: utopia e massificação (1950-1980). São Paulo: Contexto, 2001.

[55] NAPOLITANO, 2010.

liares com TV em São Paulo aumentou de 633.156 para 698.065, registrando 10% de acréscimo[56]. Entre janeiro de 1967 e janeiro de 1968, o aumento foi de quase 35%, totalizando 959.221 unidades familiares[57]. Napolitano então diria que em 1968 a TV se disseminava na sociedade passando a ser orientada para programas "populares". Outra estatística esclarecedora apresentada pelo autor demonstra que, entre 1965 e 1967, a média anual de vendas de aparelhos de TV oscilou entre 10% e 15%. Somente de 1967 para 1968, as vendas aumentaram 45%[58].

Napolitano[59] diz que, se desde 1966 o ciclo dos musicais (seriados ou os grandes festivais) havia demonstrado a amplitude do impacto social e cultural do veículo, ao longo de 1968 a fórmula televisiva dos festivais imperou sozinha como carro-chefe da audiência. Foram realizados vários festivais, e quase todas as emissoras organizavam o seu. De acordo com o autor, a TV Record separou suas competições musicais em duas categorias: a Bienal do Samba, cuja primeira edição ocorreu em maio e teve como vencedora Elis Regina com a canção "Lapinha", e o já tradicional Festival da MPB, realizado entre novembro e dezembro. A TV Globo consolidou o FIC como seu festival exclusivo, embora ele ainda fosse organizado pelo governo da Guanabara. A TV Excelsior, que havia abandonado esse formato em 1966, voltou a promover seu próprio festival, batizado de O Brasil Canta. A TV Tupi, conhecida principalmente pela produção de telenovelas, aderiu à moda dos festivais e criou o Festival Universitário da Canção, de onde despontaram talentos como Gonzaguinha e Aldir Blanc. Além das grandes redes nacionais, várias cidades e estados brasileiros organizaram seus próprios festivais locais.

Em *A MPB na era da TV*, Napolitano[60] afirma que, ao contrário do que se sugere normalmente, o estilo musical beneficiário desse

---

[56] Boletim de Assistência de TV (São Paulo), Ibope (Acervo AEL/IFCH/Unicamp) *apud* NAPOLITANO, 2010.

[57] *Idem.*

[58] *Idem.*

[59] NAPOLITANO, 2001.

[60] NAPOLITANO, 2010.

salto de popularização do novo meio eletrônico não foi a jovem guarda, mas a MPB. Para o autor, era bem provável que essa mudança estrutural na audiência se explicasse pelo fato de o novo público de televisão já estar familiarizado com os programas musicais do rádio. No entanto, pondera essa hipótese dizendo que não seria improvável que um outro processo estivesse começando a despontar em 1968: a formação de um público eminentemente televisivo. Esse fenômeno, mais destacado entre o público jovem, sugeria a gênese de uma nova *mediabilidade*, em que a TV articulava a formação de um público próprio, já não mais oriundo das audiências radiofônicas.

Porém, Napolitano[61] também informa que o ano em que mais se assistiu a festivais foi marcado ao mesmo tempo pelo início do declínio do gênero. Para ele, a explicação era simples: o festival era um evento caro e, para garantir emoção ao telespectador, precisava ser ao vivo e não ter um controle de duração muito rígido. O imprevisto e uma razoável flexibilidade de duração eram parte do sucesso. A imprevisibilidade era o que garantiria a vivacidade do evento. Entretanto, afirma que, em meados de 1967, a fórmula do musical televisivo seriado começava a se esgotar, fenômeno que condenou tanto o programa *Jovem Guarda* quanto o *Fino da Bossa*, que entraram no mesmo ano em queda de audiência. O *Fino da Bossa* (rebatizado de *Fino 67*) se manteve na casa dos 15% a 20%, até ser extinto em julho. O *Jovem Guarda* experimentou uma crise mais longa antes de ser extinto, em janeiro de 1968.

Nesse contexto de crise da fórmula dos programas musicais seriados, a Tropicália deu seus primeiros passos na televisão, precisamente no mês de setembro de 1967. Caetano Veloso e Gilberto Gil apresentaram no *III Festival de Música Popular* da TV Record, respectivamente, "Alegria, alegria" e "Domingo no parque" (ambas composições dos próprios artistas). No ano de 1967, duas fórmulas televisivas começaram a se destacar: as competições musicais, seja na fórmula do *quiz show* (o caso do *Nessa Noite se Improvisa*, maior

---

[61] NAPOLITANO, 2001.

índice de audiência do ano) ou na forma dos festivais. O *III Festival da TV Record* atingiu o índice de 47% de audiência em São Paulo[62].

Ao longo dos anos 1960, o produto mais lucrativo da TV brasileira passou a ser o tempo — o tempo de propaganda. Segundo Renato Ortiz[63], o que antes era tempo vazio e abstrato passou a ser comercializado. A TV Excelsior, por exemplo, fundada no ano de 1960, deu o primeiro passo no processo de racionalização da televisão, comercializando o "tempo de TV". A programação passaria a obedecer determinados horários, não atrasaria mais, seria horizontal (tendo programas diários como as novelas) e vertical (seguindo uma sequência de programas com o intuito de fixar o telespectador num mesmo canal de televisão). A partir de então, os programas tenderiam a não ser mais vendidos ao patrocinador (como era o caso do programa *Jovem Guarda*, adquirido pela agência de publicidade Magaldi Maia & Prosperi). Vender minutos de televisão dos intervalos comerciais passou a ser uma fórmula mais lucrativa do que a venda da faixa de horário de um programa inteiro para uma só agência. Para tanto, era preciso modernizar e padronizar a fórmula da TV.

Ao observar semelhante fenômeno nos Estados Unidos e na Inglaterra, Raymond Williams[64] explica que a familiaridade que hoje temos com a experiência cotidiana da radiodifusão dificulta a percepção de que, naquele momento, isso era uma grande novidade no mundo. Em outras palavras, "assistir à televisão" para além de programas específicos era um hábito cotidiano em construção. Nas primeiras fases do serviço de radiodifusão, tanto no rádio como na televisão, havia intervalos entre unidades de programa: intervalos reais, normalmente marcados por um som convencional ou uma imagem para mostrar que o serviço geral ainda estava ativo. Havia sons de sinos ou de imagens se quebrando, que marcavam os intervalos entre as unidades dos programas. Então, na maioria dos

---

[62] NAPOLITANO, 2010.

[63] ORTIZ, 1995.

[64] WILLIAMS, R. **Televisão** – tecnologia e forma cultural. São Paulo: Boitempo; Belo Horizonte: PUCMinas, 2016.

serviços televisivos, o conceito de intervalo foi reavaliado de dois modos. A inovação decisiva aconteceu nos serviços financiados por anúncios comerciais. Os intervalos entre unidades de programas eram "lugares óbvios" para a inclusão de publicidade. Na televisão comercial britânica, houve um esforço específico e formal para que os programas não fossem interrompidos por comerciais, o que na prática nunca foi cumprido e nunca se pretendeu que o fosse. O "momento natural" tornou-se qualquer momento em que a inserção comercial fosse conveniente. Noticiários, peças e mesmo filmes que no cinema haviam sido exibidos como performances específicas e completas começaram a ser interrompidos por comerciais. Na televisão norte-americana, esse desenvolvimento foi diferente: os programas patrocinados incorporaram o comercial desde o início, na concepção, como parte de todo o pacote. Ao longo dos anos, o que passaria a ocorrer nos dois casos — e também no Brasil — seria um fluxo planejado de sequência publicada de programas e sequência publicada de publicidade, que juntas comporiam a radiodifusão.

De acordo com Ortiz[65], a constituição de um sistema de comunicações economicamente forte e dependente da publicidade passaria, no caso brasileiro, necessariamente pelas mãos do Estado. A reforma do Sistema Financeiro Brasileiro (SFB) de 1964, por exemplo, ampliou o grau de abertura da economia ao capital externo. Isso possibilitou tanto uma maior entrada de capital bancário oriundo de países estrangeiros quanto um aumento significativo do número de empresas multinacionais em operação no Brasil[66]. Por certo, é inegável que esses fatores tiveram impacto no volume do mercado de bens culturais dos anos 1960 e 1970 no Brasil. Nessa fase, consolidaram-se os grandes conglomerados de comunicação, embora compreendendo que essa instituição se daria sob tutela de um governo militar, tendo um viés altamente autoritário e conservador.

Também ao longo da década de 1960, a indústria da música consolidava-se com seu circuito de gravação, reprodução e dis-

---

[65] ORTIZ, 1995.
[66] HERMANN, 2005.

tribuição. A transformação do mercado fonográfico brasileiro caracterizou-se, entre essas duas décadas, por um contundente crescimento com protagonismo de empresas estrangeiras. No artigo *Organização, crescimento e crise: a indústria fonográfica brasileira nas décadas de 60 e 70*[67], Eduardo Vicente informa que a indústria fonográfica brasileira reproduziu esse processo de forma exemplar. Citando uma pesquisa realizada pela Associação Nacional de Produtores de Discos (ABPD), Vicente constata que as taxas de crescimento de produção foram ininterruptamente positivas até o ano de 1979. Em duas ocasiões (1968 e 1976), os índices de crescimento chegaram a superar o patamar de 40%[68]. A primeira delas coincide com o ano de lançamento do disco manifesto *Tropicalia ou Panis et Circencis*.

Quadro 1 – Vendas da indústria fonográfica nacional por unidade 1966–1979 (milhões de unidades)

Ano	Comp. Simp.	Comp. Duplo	LP	LP econ.	K7	K7 duplo	Total (mi)^3	Var. %
1966	3,6	1,5	3,8	–	–	–	5,5	–
1967	4,0	1,7	4,5	–	–	–	6,4	16,4%
1968	5,4	2,4	6,9	–	0,02	–	9,5	48,4%
1969	6,7	2,3	6,7	–	0,09	–	9,8	3,1%
1970	7,4	2,1	7,3	–	0,2	–	10,7	9,2%
1971	8,6	2,8	8,7	–	0,5	–	13,0	21,5%
1972	9,9	2,6	11,6	–	1,0	–	16,8	29,2%
1973	10,1	3,2	15,3	–	1,9	–	21,6	28,6%

---

[67] VICENTE, E. Organização, crescimento e crise: a indústria fonográfica brasileira nas décadas de 60 e 70. **Revista de Economia Política de las Tecnologias de la Información y Comunicación,** Aracaju, n. 8, v. 3, 2006.

[68] Associação Brasileira de Produtores de Discos (ABPD) *apud* VICENTE, 2006, p. 115.

1974	8,3	3,6	16,2	_	2,9	0,03	23,1	6,9%
1975	8,1	5,0	17,0	_	4,0	0,08	25,4	9,9%
1976	10,3	7,1	24,5	_	6,5	0,1	36,9	45,3%
1977	8,8	7,2	19,8	8,4	7,3	0,1	40,9	10,8%
1978	11,0	5,9	23,8	10,1	8,0	0,2	47,7	16,6%
1979	12,6	4,8	26,3	12,0	8,3	0,2	52,6	10,3%

Fonte: ABPD 1

Simultaneamente, as denominadas *majors*, empresas transnacionais, iniciaram ou ampliaram suas atividades no país: a Philips-Phonogram (depois PolyGram e hoje parte da Universal Music) instalou-se em 1960 a partir da aquisição da Companhia Brasileira de Disco (CBD); a CBS (hoje Sony Music, instalada desde 1953, consolidou-se em 1963 a partir do sucesso da jovem guarda); a EMI fez-se presente a partir de 1969, por meio da aquisição da Odeon; a subsidiária brasileira da WEA, o braço fonográfico do grupo Warner, é fundada em 1976; e a Ariola — pertencente ao conglomerado alemão Bertelsmann (BMG) — surge em 1979. A RCA, que mais tarde seria adquirida pela Bertelsmann, tornando-se o núcleo da BMG, operava no país desde 1925 e completava o quadro das empresas internacionais mais significativas em nosso cenário doméstico[69].

No livro *Indústria fonográfica: um estudo antropológico*, Rita Morelli[70] vincularia esse início de consolidação da indústria fonográfica do país às vendas de música internacional, atenta para o fato de que, para as subsidiárias das empresas transnacionais, era muito mais fácil lançar um disco já gravado no exterior do que arcar com as despesas de gravação de um disco no Brasil. Embora Eduardo Vicente[71] considere a afirmação de Morelli válida, pontua que a

---

[69] VICENTE, 2006.

[70] MORELLI, R. **Indústria fonográfica**: um estudo antropológico. 2. ed. Campinas: Unicamp, 2009.

[71] VICENTE, 2006.

questão da internacionalização do consumo é complexa e merece uma análise mais cuidadosa. Valendo-se de dados da ABPD apresentados pelo jornal *O Estado de São Paulo* em 1976, Vicente afirma que, embora os dados demonstrassem um expressivo crescimento da participação do repertório internacional durante praticamente toda a década de 1970, não lhes pareciam contraditórios com a ideia de que seu real predomínio nunca se configurou.

Quadro 2 – Participação do repertório internacional na listagem dos 50 LPs mais vendidos no eixo Rio–São Paulo entre 1965–1973

Ano	N.º de LPs (50)
1965	14
1966	17
1967	14
1968	9
1969	6
1970	22
1971	23
1972	24
1973	16
1974	25
1975	27
1976	17
1977	18
1978	23
1979	14

Fonte: Nopem[72]

---

[72] Nopem *apud* VICENTE, 2006, p.117.

Já em relação ao custo dos discos, Vicente admite que as vantagens econômicas oferecidas pelos lançamentos internacionais eram de fato significativas, embora eles fossem impressos no país. Não exigiam gastos para a gravação das músicas e para a produção da arte da capa, além de normalmente não exigirem grandes investimentos em promoção. De qualquer modo, uma lei de incentivos fiscais foi promulgada em 1967 facultando às empresas "abater do montante do Imposto de Circulação de Mercadorias os direitos comprovadamente pagos a autores e artistas domiciliados no país"[73], sendo que as gravações beneficiadas recebiam o selo "Disco é Cultura".

Segundo Vicente, essa lei ofereceu um enorme desenvolvimento tanto ao mercado de música doméstica quanto ao setor fonográfico como um todo. Por outro lado, criou condições de mercado desfavoráveis às empresas nacionais, uma vez que o ICM advindo da venda de discos internacionais pôde ser reinvestido pelas empresas estrangeiras para a contratação dos artistas com maior renome ainda mantidos pelas gravadoras nacionais. Por essa razão, os artistas com mais projeção na música popular brasileira concentraram-se nas gravadoras multinacionais. A Philips-Phonogram passou a congregar nomes como Caetano Veloso, Gilberto Gil, Chico Buarque, Gal Costa, Maria Bethânia, Jorge Ben e Elis Regina, entre outros. Sob a direção de André Midani, a Philips buscava, com efeito, conquistar um público jovem, e a Tropicália era posteriormente comercializável como uma novidade transgressora. Quando foi presidente da Capitol Records, do México, Midani utilizaria estratégia similar para o rock produzido naquele país. No Brasil, mais uma vez o Estado autoritário se mostrou interveniente no mercado brasileiro de bens simbólicos e de forma bastante ambígua. Se, por um lado, fomentou a música brasileira e promoveu artistas nacionais, de outro, cerceou-os por meio da censura e consolidou a hegemonia de empresas transnacionais nesse segmento.

Uma evidência da consolidação daquilo que se poderia chamar de *indústria cultural brasileira* estaria na integração das dife-

---

[73] IDART *apud* VICENTE, 2006, p. 118.

rentes mídias. De acordo com Ortiz[74], o mercado de discos não operava somente com a estratégia de diferenciação dos gostos segundo as classes sociais dos consumidores. Ele descobriu uma forma de penetrar junto à população mais pobre, desenvolvendo os "álbuns compilados", discos ou fitas cassetes reunindo uma seleção de músicas de diferentes gravadoras. A Som Livre, vinculada à Rede Globo de Televisão, especializou-se no ramo das músicas de novela, deslocando do mercado inclusive as multinacionais.

Marcos Napolitano[75] apontaria indícios de uma "indústria cultural madura" já nos anos dos festivais. O *II Festival de MPB*, ainda em 1966, contava com uma cobertura prévia (de cunho propagandístico) nas revistas especializadas em TV. Para além do mercado editorial, outro polo aglutinador do evento era a indústria fonográfica. Segundo Napolitano, as músicas deveriam estar disponíveis em fonogramas antes do fim do festival. Das articulações entre os programas musicais de televisão, rádio, mídia impressa e indústria fonográfica, percebia-se, com efeito, a emergência de um sistema de produção, distribuição e consumo das obras, o que é característica de uma indústria cultural "madura".

A indústria cultural brasileira de então vivia também um processo de reorganização interna, rumo a uma melhor racionalização e controle dos seus produtos. De acordo com Napolitano[76], era cada vez mais visível o paradoxo entre a racionalização crescente do processo de produção musical e o elogio à espontaneidade e imprevisibilidade dos festivais. Esse aparente choque teria para ele uma explicação: naquele contexto, o "sistema" ainda não tinha otimizado seu controle sobre o processo de criação, produção e circulação das canções e dos programas de TV. Assim, o tropicalismo como acontecimento midiático teria ocorrido num momento de "hiato tecnológico" da televisão.

---

[74] ORTIZ, 1995.
[75] NAPOLITANO, 2010.
[76] NAPOLITANO, 2010.

Seguindo o raciocínio de Raymond Williams[77], deve-se rejeitar o determinismo tecnológico em todas as suas formas. Essa noção substitui de modo reducionista o complexo dinâmico e integrado de determinações econômicas, culturais, políticas e tecnológicas pela autonomia aleatória da tecnologia. Por outro lado, a noção de uma tecnologia totalmente determinada por um planejamento racional e funcional, que pairasse acima das disputas políticas, econômicas e culturais, seria também uma distorção do processo histórico real de desenvolvimento tecnológico.

> Determinação é um processo social real, mas nunca (como em algumas versões teleológicas e marxistas) um conjunto de causas completamente controladoras e definidoras. Pelo contrário, a realidade da determinação é estabelecer limites e exercer pressões, dentro dos quais as práticas sociais variáveis são profundamente afetadas, mas não necessariamente controladas. Trata-se de pensar a determinação não como uma única força ou uma única abstração de forças, e sim como um processo em que fatores determinantes reais – a distribuição de poder ou de capital, a herança social e física, as relações de escala e de tamanho entre grupos – colocam limites e exercem pressões, mas não controlam nem preveem completamente o resultado de uma atividade complexa nesses limites, sob ou contra essas pressões[78].

Assim, sugiro a hipótese de que a televisão foi também uma tecnologia manipulada pelo grupo tropicalista no momento de confecção de alguns programas televisivos. Assim como se apropriaram da guitarra elétrica, uma tecnologia criada em países de primeiro mundo, manipularam, dentro de muitos limites e em momentos específicos, a forma de se fazer televisão. Isso não quer dizer, contudo, que estejamos falando em "tecnologia determinada" pelo grupo tropicalista, o que seria algo bastante exagerado.

---

[77] WILLIAMS, 2016.

[78] *Ibidem*, p. 139.

1.2 O papel da televisão

A propósito das diversas mídias, Marco Schneider[79] afirma que, embora um conhecimento qualquer do real (discursivo e extradiscursivo) seja necessariamente mediado pela dimensão simbólica e pelas práticas discursivas, o real não se esgota no discurso. Em outras palavras, uma produção de sentido qualquer, uma música, um filme ou o que for, nunca está descolada de sua estrutura material e do modo de produção que a conforma e possibilita. Armand Mattelart[80] chamaria de "autonomización idealista de la ideologia" o movimento de pensar bens culturais como puros vetores de mensagens sem se levar em conta a existência das indústrias culturais e a totalidade de uma economia que as envolve.

Em concordância com o pensamento de Mattelart, Schneider trabalha com uma perspectiva totalizante de análise da informação midiatizada, isto é, com a premissa de que um bem midiático-cultural, uma informação midiatizada, só pode ser compreendido, de fato, quando se observa seu contexto material e social. Defende, assim, que essa perspectiva fornece pistas para a leitura da relação entre as representações da realidade mediadas por um "evento comunicativo" e seus momentos sócio-históricos de emergência. Pode-se então ler a "informação" tropicalista tendo como base material a televisão e os programas de auditório como seu meio mensagem. Isso sem deixar de lado o modo de produção que sustenta a emissora de televisão e o repertório técnico-informacional do próprio grupo musical.

Augusto de Campos, no artigo "O passo à frente de Caetano Veloso e Gilberto Gil", diz que:

---

[79] SCHNEIDER, M. **A dialética do gosto**: informação, música e política. Rio de Janeiro: Circuito/Faperj, 2015.

[80] MATTELART, A. Estudiar comportamentos, consumos, hábitos y prácticas culturales. *In:* ALBORNOZ, L. (org.). **Poder, médios, cultura** – una mirada crítica desde la economía política de la comunicación. Buenos Aires: Paidós, 2011. p. 157-176.

> [...] os novos meios de comunicação de massa, jornais e revistas, rádio e televisão, tem suas grandes matrizes nas metrópoles, de cujas "centrais" se irradiam as informações para milhares de pessoas de regiões cada vez mais numerosas. A intercomunicabilidade visual é cada vez mais intensa e mais difícil de conter, de tal sorte que é literalmente impossível a qualquer pessoa viver a sua vida diária sem se defrontar a cada passo com o Vietnã, os Beatles, as greves, 007, a Lua, Mao ou o Papa. Por isso mesmo, seria inútil preconizar uma impermeabilidade nacionalística aos movimentos, modas e manias de massa que fluem e refluem de todas as partes para todas as partes[81].

No texto "Codificação e decodificação", Stuart Hall[82] defende a ideia de que um evento não pode ser transmitido pela TV em sua forma bruta (em sua singularidade fenomênica no tempo e no espaço), mas somente enquanto discurso (audiovisual no caso da TV). Tropicália, Beatles, Vietnã, 007 são eventos convertidos em informação, em uma *forma-mensagem*, e estão sujeitos "a toda a complexidade das 'regras' formais pelas quais a linguagem significa"[83]. As informações "modernas" da *pop-art*, do iê iê iê, de *Woodstock* — manifestações culturais das metrópoles — chegaram aos tropicalistas como *evento comunicativo* ou *informação midiatizada* em grande parte pela televisão. Isso reflete algumas realidades extradiscursivas: a produção e o consumo de aparelhos televisores num país de capitalismo subdesenvolvido (recebendo "informação" do mundo capitalista desenvolvido).

Além disso, a recepção das "informações modernas" dos países centrais reflete o lugar social de classe dos artistas. Um lugar de classe média urbana que estabelece contato, via consumo, com os produtos culturais do hemisfério norte. Vale lembrar que, por

---

[81] CAMPOS, A. **Balanço da bossa e outras bossas**. São Paulo: Perspectiva, 1986. p. 142.

[82] HALL, S. **Da Diáspora**: identidades e mediações culturais. Belo Horizonte: Editora UFMG; Brasília: Representação da Unesco no Brasil, 2003.

[83] HALL, 2003. p. 389.

mais que a televisão estivesse no Brasil (de 1967 e 1968) em via de massificação, era um produto limitado ao consumo de setores da classe média de grandes centros urbanos. Suas condições de produção e funcionamento se estruturaram, sem dúvida, na lógica de uma industrialização tardia, protagonizada pelo capital estrangeiro e direcionada a um mercado consumidor restrito. Tais condições estruturais nos fazem pensar que houve uma

> [...] mútua determinação dialética das relações sociais agindo sobre as regras da linguagem, que operam a conversão do evento em "evento comunicativo", numa "forma mensagem" específica, a ação desta forma sobre a realidade extra-midiática (discursiva e extra-discursiva)[84].

A informação "moderna" e estrangeira consumida por Caetano e Gil só foi possível, com efeito, a partir de meios de comunicação materialmente acessíveis no contexto de uma estrutura produtiva "moderna"; de um capitalismo que se pretendia moderno com as indústrias de bens de consumo (mas que não abria mão de estruturas arcaicas como o grande latifúndio e o trabalho semisservil). Antes da efetiva fabricação de aparelhos televisores no Brasil, poucas famílias brasileiras adquiriam esses bens. Em *História da Televisão Brasileira*, Sérgio Mattos[85] classifica a década de 1950 como "fase elitista" da televisão pelo fato de o produto ainda ser importado e pouco acessível à maior parte da população.

Fazendo uso da terminologia de Hall[86], defende-se aqui a ideia de que os tropicalistas se apropriaram, por meio de novas tecnologias de comunicação, de eventos modernos convertidos em informação, *forma-mensagem*. Ao mesmo tempo, incorporaram a essa informação "moderna" informações de um Brasil "arcaico", que não estava na televisão. Talvez Beatles e 007 estivessem mais próximos do cotidiano de brasileiros de classe média em compa-

---

[84] SCHNEIDER, 2015, p. 117.

[85] MATTOS, S. **História da televisão brasileira**. Petrópolis: Vozes, 2002.

[86] HALL, 2003.

ração com manifestações culturais em território brasileiro, a dita "cultura popular".

Bossa nova, jovem guarda e tropicalismo foram movimentos musicais associados à difusão televisiva. O corpo criativo da própria canção seria atingido pela *forma-mensagem* da TV, e a associação televisão-canção tornou-se uma equação fundamental da configuração estética da obra musical. A música ficaria indissociável das próprias características da TV, como meio e como atividade empresarial. Nos festivais, as canções atendiam, em sua maioria, aos anseios do público com as letras de protesto velado. A própria configuração do evento — com apresentações vibrantes, torcidas, competição — já seria suficientemente atrativa para mobilizar o público telespectador. O programa *Jovem Guarda*, na TV Record, teria nascido com estratégias bem definidas para atrair o público e gerar lucro. Os fãs, identificados com os apresentadores do programa, passariam a consumir os produtos associados a eles. Toda essa engrenagem só foi possível com a televisão, que além de amplificar o rock como informação no país, transformou o *Jovem Guarda* numa vitrine de produtos[87].

A bossa nova é um bom exemplo de estética que teve de se transmutar para se adequar à forma-mensagem da linguagem televisiva. Abandonava-se "o banquinho e o violão" e abria-se espaço para performances mais dinâmicas, tudo para chamar a atenção do público[88]. Esse caso se ilustra no programa *Fino da Bossa*, também da TV Record, apresentado por Elis Regina. A informação "blasé e intimista" de João Gilberto não era mais compatível com o formato de um programa de televisão. A interpretação dançante e os vocais de longo alcance de Elis apresentavam mais sintonia com a linguagem de um programa de auditório. A bossa nova, nesse caso, seria emblemática quando Stuart Hall[89] diz que um evento não pode ser transmitido pela televisão em sua forma bruta, mas

---

[87] PAIXÃO, 2013.

[88] *Idem.*

[89] HALL, 2003.

somente como discurso que, por sua vez, torna-se sujeito a todas as "regras" formais da linguagem audiovisual que, nesse caso, foram responsáveis pelo remodelamento de um estilo musical.

A propósito dessa relação entre música e linguagem televisiva, Paixão[90] afirma que a influência do meio de difusão na obra artística causava algumas preocupações em Augusto de Campos e Caetano Veloso. O primeiro temia que os meios de comunicação inibissem o aparecimento de novas expressões artísticas, privilegiando o estabelecido e aceito pelo telespectador. No livro *Balanço da Bossa*[91], o poeta concreto questiona Caetano Veloso se seria possível conciliar a necessidade de comunicação com as massas e as inovações musicais. Para Caetano, a própria necessidade de comunicação com as massas suscitaria inovações; contudo, pondera, os meios de massa seriam motivados por necessidades comerciais, o que poderia ser um entrave à inovação. Segundo Caetano: "[...] a Música, violentada por um processo novo de comunicação, faz-se nova e forte, mas escrava"[92].

Augusto de Campos, em "Informação e redundância na música popular[93]", vale-se da Teoria da Informação para justificar sua adesão ao que chama música de vanguarda (incluindo o tropicalismo). Além da preocupação que compartilhava com Caetano Veloso, das "regras" da mensagem televisa serem entraves à inovação musical, sua defesa se dava em um contexto de debate entre defensores de uma música "legitimamente nacional" e os que aderiam ao cosmopolitismo, como Campos.

Os tropicalistas partiram da premissa de que a produção cultural na era da mídia de massa não era algo autônomo ou "livre". Ao defender o pop depois do festival de 1967 da TV Record, Gil e Caetano implicitamente reconheciam que a arte era um produto para consumo das massas, mesmo se expressasse oposição

---

[90] PAIXÃO, 2013.
[91] CAMPOS, 1986.
[92] CAMPOS, 1986, p. 200.
[93] CAMPOS, 1986.

a instituições políticas e culturais dominantes. Foi o que Caetano afirmou no falso roteiro cinematográfico escrito na contracapa do álbum *Tropicalia, ou Panis et Circencis* (1968). No "roteiro", o compositor-arranjador Rogério Duprat dizia que a música devia ser compreendida como um produto comercial para venda. Ele questiona os novos músicos baianos: "Como receberão a notícia de que um disco é feito para vender?... Sabem vocês o risco que correm? Sabem que podem ganhar muito dinheiro com isso?"[94]. A provocação de Duprat ficou sem resposta, mas sugeria que os tropicalistas estavam cientes de se envolver com a indústria cultural. Esse entendimento se reflete em suas composições, que muitas vezes se apropriavam das técnicas formais da mídia de massa, orientadas para a comunicação rápida[95].

Retomando Augusto de Campos[96], a "informação" estrangeira não podia ser ignorada pela MPB, uma vez que ela era usada e consumida por significativa parcela da população nacional. Para reforçar seu argumento, Campos cita Marx e Engels, provavelmente com intenção polêmica em relação à certa crítica corrente, originária da militância de esquerda que defendia um nacionalismo estético menos aberto à influência estrangeira:

> Em lugar do antigo isolamento de regiões e nações que se bastavam a si próprias, desenvolve-se um intercâmbio universal, uma universal interdependência das nações. E isto se refere tanto à produção material como à produção intelectual. As criações intelectuais de uma nação tornam-se propriedade comum de todas. A estreiteza e o exclusivismo nacionais tornam-se cada vez mais impossíveis; das inúmeras literaturas nacionais e locais, nasce uma literatura universal[97].

---

[94] TROPICALIA, ou Panis et Circencis. Intérpretes: Caetano Veloso, Gal Costa, Gilberto Gil, Nara Leão, Os Mutantes e Tom Zé. Rio de Janeiro: Philips, 1968. 1 disco vinil. s/p.

[95] DUNN, C. **Brutalidade jardim**: a Tropicália e o surgimento da contracultura brasileira. São Paulo: Editora Unesp, 2009.

[96] CAMPOS, 1986.

[97] MARX; ENGELS *apud* CAMPOS, 1986, p. 142.

Segundo Campos[98], era difícil encontrar, àquela altura, quem concordasse com essas ideias. Era o momento pós-protesto de "A Banda" e "Disparada", saudades do sertão, saudades do interior. Por outro lado, o gosto e a informação de origem estrangeira passavam a ganhar força no Brasil por meio do programa *Jovem Guarda*. A passeata contra a guitarra elétrica ocorria no momento em que o programa *Fino da Bossa* perdia pontos de audiência, ao mesmo tempo que o ibope de Roberto, Erasmo e Wanderléa só aumentava. O *iê iê iê* era sem dúvida mais familiar para os telespectadores das cidades que "o sertão" e "a viola".

No palco do festival de 1967, Caetano Veloso e Gilberto Gil apresentaram sua nova informação estética que, entre outros elementos, reunia *iê iê iê* e ritmos tipicamente brasileiros. Campos afirma que "furando a maré redundante de violas e marias"[99], a letra de "Alegria, alegria" trouxe "o imprevisto da realidade urbana, múltipla e fragmentária"[100]. Esse evento, por sua vez, era captado isomorficamente mediante uma linguagem nova, também fragmentária, onde predominavam substantivos do que chamaria de "implosão informativa moderna"[101]: crimes, espaçonaves, guerrilhas, cardinales, caras de presidente, beijos, dentes, pernas, bandeiras, bomba ou Brigitte Bardot.

O mundo das "bancas de revista", de "tanta notícia" é, para Campos[102], o mundo da comunicação rápida, do "mosaico informativo" de que fala Marshall McLuhan. Nesse sentido, a marcha "Alegria, alegria" descreveria o caminho inverso de "A banda", de Chico Buarque. Esta última, segundo o autor, mergulha no passado na busca evocativa da "pureza" das bandinhas e dos coretos de infância. *Alegria, alegria*, ao contrário, encharcava-se de presente e se envolve diretamente no cotidiano da comunicação moderna, urbana, do Brasil e do mundo. Pode-se inferir daí que Caetano

---

[98] CAMPOS, 1986.

[99] CAMPOS, 1986, p. 153.

[100] *Idem.*

[101] *Idem.*

[102] *Idem.*

Veloso assume um lugar de fala bastante claro, de um jovem urbano e de classe média atravessado diariamente pelas "informações" produzidas pelos meios de comunicação de massa. Durante o intervalo das apresentações do *III Festival*, o repórter Reali Jr. perguntou a Caetano: "Veloso, o que o levou a fazer uma música bem moderna pegando Coca-Cola, guerrilha, Brigitte Bardot? Como você teve essa ideia? Quando teve a ideia? E quando começou a executar a sua música?". Respondeu: "o que me levou a falar em Coca-Cola, Brigitte Bardot e Cardinale foi a Coca-Cola, a Brigitte Bardot e a Cardinale... bombas, guerrilha, as coisas que tão aí"[103]. Ou seja, de informações (estrangeiras ou não) que permeavam o cotidiano de muitos brasileiros.

Da mesma forma que a composição de Veloso, a música "Domingo no Parque" é também, para Augusto de Campos[104], uma "letra-câmera-na-mão", que colhe fragmentos do cotidiano urbano brasileiro, menos direta e menos informal que a de Caetano Veloso. A inovação da apresentação de Gil esteve mais no fato de confundir o público do festival a partir dos arranjos de Rogério Duprat, que misturou baião, capoeira e a guitarra elétrica de Os Mutantes. A informação visual da guitarra, símbolo do *iê iê iê*, chocava-se com uma nova informação auditiva que não poderia ser denominada de *iê iê iê*, muito menos música gringa ou importada. Augusto de Campos[105], então, utiliza a Teoria da Informação de Abraham Moles para defender a Tropicália como música de vanguarda mesmo sob as regras castradoras da *indústria cultural*.

A partir do texto *Machines à musique*, de Moles (1957), Campos[106] explica que a informação é função direta de sua imprevisibilidade, mas o receptor, o ouvinte, é um organismo que possui um conjunto de conhecimentos, formando o que se chama de "código",

---

[103] FESTIVAL Record 1967 - Entrevista Caetano Veloso. **YouTube**, 8 jan. 2011. Disponível em: https://www.youtube.com/watch?v=E1FIDAaY1Ug. Acesso em: 14 ago. 2024. s/p. Ver também: Uma noite em 67. Direção: Ricardo Calil, Renato Terra. VideoFilmes: 2010 (75 min.).

[104] CAMPOS, 1986.

[105] *Idem.*

[106] *Idem.*

TROPICÁLIA EM TELA

geralmente de natureza probabilista em relação à mensagem a ser recebida. É, pois, o conjunto de conhecimentos a priori que determina, em grande parte, a previsibilidade global da mensagem. Assim, a mensagem transmite uma informação que é função inversa dos conhecimentos que o ouvinte possui sobre ela. O "rendimento máximo da mensagem" seria atingido se ela fosse perfeitamente original, totalmente imprevisível, isto é, se ela não obedecesse a nenhuma regra conhecida do ouvinte. No entanto, nessas condições, a densidade de informação ultrapassaria a "capacidade de apreensão" do receptor. De acordo com essa lógica, nenhuma mensagem pode, portanto, transmitir uma "informação máxima", ou seja, possuir uma originalidade perfeita no sentido da teoria das probabilidades. A mensagem estética deve, para Moles, possuir uma certa redundância (o inverso da "informação") que a torne acessível ao ouvinte.

Augusto de Campos[107], assim, afirma que, num plano mais geral, esse problema se coloca como um conflito de amplas proporções, que vinha se aguçando desde o fim do século passado. Um conflito entre a cultura massificada, como projeção de um código apriorístico e dogmático, e a insubordinação permanente dos artistas modernos a todos os códigos restritivos da liberdade criadora.

A música de vanguarda, segundo Campos[108], caracteriza-se por trabalhar com uma taxa mínima de redundância e uma alta porcentagem de imprevisibilidade. É natural, portanto, que se afigure como ininteligível para a maioria dos ouvintes num primeiro momento. Música de vanguarda é, para Campos[109], música para produtores, e não para consumidores. Oswald de Andrade sintetizou num trocadilho a defasagem entre produção e consumo quando foi acusado, em 1949, de não ser compreendido pela massa: "a massa ainda comerá o biscoito fino que eu fabrico"[110].

---

[107] CAMPOS, 1986.
[108] *Idem.*
[109] *Idem.*
[110] CAMPOS, 1986, p. 183.

Condicionada fundamentalmente pelos veículos de massas, que coagem a música popular a respeitar seu "código" de convenções — que supostamente reproduziria aquele do ouvinte —, a canção não apresenta, senão em grau atenuado, o contraditório entre informação e redundância, produção e consumo. Segundo Campos[111], ela se encaminharia para o que Umberto Eco denomina de música "gastronômica": um produto industrial que não persegue nenhum objetivo artístico e tende apenas a satisfazer as exigências do mercado. Contudo, nem tudo poderia ser redundância na música popular, sendo possível discernir no seu percurso momentos de rebeldia contra a estandardização e o consumismo.

> Foram os Beatles, já na presente década, na fase de massificação do mais consolidante dos meios de comunicação de massa – a televisão – que lograram um novo salto qualitativo, colocando em outras bases o problema da informação original em música popular. Os Beatles rompem todos os esquemas de previsibilidade usualmente admitidos. Ninguém diria, *a priori*, que um LP como o "Sgt Pepper's" pudesse ser, como o foi, altamente consumido. "Não é comercial!" exclamariam, em uníssono, os disc-jockeys de todo o mundo, se tivessem sidos consultados[112].

Adotando como exemplo o caso dos Beatles, Augusto de Campos[113] afirma que a aproximação aparentemente inviável entre artistas de produção (eruditos) e artistas de consumo (populares) ganha com os garotos de Liverpool uma nova alternativa: aquilo que Décio Pignatari chamou de "produssumo" (produção e consumo reunidos). Com efeito, não poderia mais se defender um dualismo que colocasse, de um lado, a música de vanguarda e, de outro, a música comercial. A música poderia trazer uma informação inovadora e ser ao mesmo tempo altamente comercial, mesmo

---

[111] CAMPOS, 1986.
[112] CAMPOS, 1986, p. 185.
[113] CAMPOS, 1986.

quando se trabalha com a premissa de que a regra da indústria é vender e operar na redundância.

Nesse entre-lugar que congrega artistas eruditos e populares, Augusto de Campos[114] visualizou a então nova estética de Caetano Veloso e o "Grupo Baiano" na música popular brasileira, com a retomada da sua linha evolutiva a partir de João Gilberto. Tal retomada dizia respeito à nova informação musical. Seria possível se apropriar da estética de origem estrangeira sem prejuízos de se fazer música brasileira. Além do mais, seria possível disputar sentido no exterior (como a bossa nova o fez, influenciando outros ritmos).

Em maio de 1966, foi realizado um debate pela *Revista Civilização Brasileira* com importantes figuras, como Flávio Macedo Soares, Nelson Lins e Barros, José Carlos Capinam, Gustavo Dahl, Nara Leão e Ferreira Gullar. "Que caminhos seguir na música brasileira?" era o título da mesa redonda. Nesse momento, Caetano apresentou a ideia de "linha evolutiva" a que fiz menção na introdução deste estudo.

> Só a retomada da linha evolutiva pode nos dar uma organicidade para selecionar e ter um julgamento de criação. Dizer que samba só se faz com frigideira, tamborim e um violão sem sétimas e nonas não resolve o problema. Paulinho da Viola me falou da sua necessidade de incluir contrabaixo e bateria em seus discos. Tenho certeza que, se puder levar essa necessidade ao fato, ele terá contrabaixo e terá samba, assim como João Gilberto tem contrabaixo, violino, trompa, sétimas, nonas e tem samba. Aliás, para mim João Gilberto é exatamente o momento em que isto aconteceu: a informação da modernidade musical utilizada na recriação, na renovação, no dar um passo à frente da música popular brasileira. Creio mesmo que a retomada da tradição da música brasileira deverá ser feita na medida em que João Gilberto fez. Apesar de artistas como Edu Lobo, Chico Buarque, Gilberto Gil,

---

[114] *Idem.*

Maria Bethânia, Maria da Graça (que pouca gente conhece) sugerirem essa retomada, em nenhum deles ela chega a ser inteira, integral.[115]

De acordo com Christopher Dunn[116], a música da Tropicália, diferentemente da bossa nova, não podia ser definida em termos de estilo ou de forma, mas antes por um conjunto de estratégias e abordagens do fazer musical caracterizadas por várias formas de canibalização, entre elas a paródia, o pastiche e a citação. Caetano Veloso comparou a abordagem tropicalista da música à prática do sampleamento ao combinar *ready-mades* a uma ampla gama de sons: marchas tradicionais, bossa nova, bolero, mambo e rock. Conforme Dunn, eles estavam engajados simultaneamente em uma espécie de arqueologia das tradições da canção brasileira, mas ao mesmo tempo subvertiam as noções de "bom gosto" dominantes entre artistas, críticos e consumidores da classe média.

O *III Festival da Música Popular*, promovido pela TV Record, foi, para Campos[117], o palco onde se desenrolaram as primeiras escaramuças de uma nova batalha que travaram Caetano Veloso e Gilberto Gil por uma "abertura" na música popular brasileira. Os dois compositores foram os primeiros a pôr em xeque e em confronto o legado da bossa nova e a contribuição renovadora dos Beatles. A Tropicália (que ainda não tinha nome definitivo de movimento) incorporava "novos dados informativos": som universal, música pop, música popular moderna. Isso tudo a partir da chave *oswaldiana* da antropofagia. Era, portanto, nesse movimento que Augusto de Campos supunha um inconformismo altamente instigante e uma revolução nas leis da redundância supostamente vigentes para a música popular. Seria essa a "informação" tropicalista: a inovação musical a partir da *infomaré* de dentro e de fora do Brasil.

---

[115] QUE caminhos seguir na música popular brasileira – Mesa redonda. *Revista de Civilização Brasileira*, n. 2, maio 1966. **Tropicalia**, Eubioticamente atraídos – Reportagens Históricas, [20--]. Disponível em: http://tropicalia.com.br/en/eubioticamente-atraidos/reportagens-historicas/que-caminhos-seguir-na-mpb/. Acesso em: 14 ago. 2024. s/p.

[116] DUNN, 2007.

[117] CAMPOS, 1986.

CAPÍTULO 2

DA VIDA PARA O PALCO, DO PALCO PARA A VIDA: TROPICALISMO NA TV

Em 1979, o filósofo Carlos Nelson Coutinho escreveu o artigo "Cultura e sociedade no Brasil". Com o interesse de pensar a cultura brasileira de forma abrangente, Coutinho atenta para o vínculo *estrutural* entre manifestações culturais em território nacional e o que denominaria de *cultura universal*. Sem esse vínculo, afirma, qualquer análise da cultura brasileira cairia numa "armadilha de um falso nacionalismo cultural"[118].

Com interesse maior de pensar o cotidiano à luz desse movimento, aproveito a menção de Coutinho a respeito do tropicalismo musical. Num primeiro momento, o movimento tropicalista tendia, segundo o autor, a desistoricizar as contradições concretas da realidade brasileira e a eternizá-las numa "abstração alegórica e irracionalista". Porém, observaria no momento tropicalista um "saudável esforço" de conquistar para a arte brasileira novos meios expressivos e apresentar uma nova temática, resultante da implantação entre nós de "um sofisticado capitalismo de consumo com a conservação do atraso nos meios rurais e periferias urbanas"[119]. Para ele, o tropicalismo superaria um "populismo ingênuo" ou, em outras palavras, a "doença infantil" da cultura nacional-popular. Uma arte que idealizava e romantizava a ideia de "povo".

Nesse texto dos anos 1970, Coutinho fez menção a uma dialética interna do movimento. Identificaria em seus "melhores representantes" um abandono progressivo da alegoria irracionalista e uma subsequente opção a "uma dura crítica, nada populista nem

---

[118] COUTINHO, 2011, p. 45.

[119] *Ibidem*, p. 66.

ingênua, da cotidianidade capitalista moderna"[120] que se implantava em nosso país. Na visão de Coutinho, "Janelas abertas", de Caetano Veloso, convergia objetivamente com "Sinal fechado", de Paulinho da Viola, ou com "Cotidiano", de Chico Buarque. Com semelhante ponto de vista, Heloísa Buarque de Hollanda e Marcos Gonçalves diriam que: "na opção tropicalista o foco da preocupação política foi deslocado da *Revolução Social* para o eixo da *rebeldia*, da intervenção localizada, da política concedida enquanto problemática cotidiana, ligada à vida, ao corpo, ao desejo, à cultura em sentido amplo"[121].

No entanto, Coutinho, Buarque de Hollanda e Gonçalves não fornecem, em suas análises, muitos exemplos dessa "política cotidiana" que vinculam à Tropicália. Portanto, a intenção deste capítulo é esboçar um mapeamento dos programas de televisão em que os artistas se apresentaram, já que se considera que a práxis política tropicalista estaria identificada com a performance. Assim, pode-se observar a potência política do tropicalismo naquilo que Mikhail Bakhtin[122] denominaria de *carnavalização*. Além disso, à medida que a televisão se aproximava do cotidiano das pessoas, o tropicalismo musical agia, mediante o audiovisual, por meio da *hibridação* e da *blasfêmia* — conceitos que serão discutidos ao longo deste capítulo.

Segundo Bakhtin[123], durante o carnaval nas praças públicas, a abolição provisória das diferenças e barreiras hierárquicas entre as pessoas e a eliminação de certas regras e tabus vigentes na vida cotidiana criavam um tipo especial de comunicação ao mesmo tempo ideal e real entre as pessoas, impossível de estabelecer na vida cotidiana. Esse contato livre e familiar na *vida ordinária* moderna muito se distancia do contato livre e familiar que se estabelece na praça pública durante o carnaval popular. Faltaria um elemento essencial: o caráter universal, o clima de festa, a ideia utópica, a concepção

---

[120] *Ibidem*, p. 67.

[121] BUARQUE DE HOLLANDA, H.; GONÇALVES, M. **Cultura e participação nos anos 60.** São Paulo: Brasiliense, 1982. p. 66.

[122] BAKHTIN, M. **A cultura popular na Idade Média e no Renascimento:** o contexto de François Rabelais. Brasília: Editora UnB, 2013.

[123] *Idem*.

profunda do mundo. Assim, operando na chave da *carnavalização*, podemos dizer que a praça pública dos tropicalistas era a televisão. Nesse capítulo, será possível verificar que por meio de programas de televisão os tropicalistas traspuseram a vida do carnaval, da praça pública, para o centro da vida ordinária: a sala de estar.

De acordo com Ivana Bentes[124], a carnavalização foi pensada por Mikhail Bakhtin, por Oswald de Andrade e pelo próprio tropicalismo como uma forma de ultrapassar o carnaval enquanto fenômeno histórico e sociológico. O carnaval, desse modo, iria se tornar um "método", processo, dispositivo teórico — assim, Oswald e Bakhtin se cruzariam. Se Bakhtin parte do carnaval da Idade Média para pensar o carnaval como ritual, como expressão de uma visão particular de mundo, vemos Oswald partir do ato de devoração da carne humana praticado pelos indígenas brasileiros para pensar uma antropofagia ritual, capaz de transmutar o negativo em positivo, "fazer da devoração um ato mágico, carregado de simbologias e poderes"[125].

Num momento em que a televisão estava cada vez mais presente no cotidiano das pessoas, é pertinente questionar sobre seu poder de intervenção na vida social. Raymond Williams[126] nos diria que uma das singularidades das sociedades industriais avançadas seria o fato de o drama, como experiência, ter se tornado parte intrínseca da vida cotidiana em um nível quantitativo tão mais elevado que em qualquer época anterior, a ponto de essa mudança quantitativa acarretar por si só uma mudança qualitativa fundamental em sua socialização, isto é, em sua produção, circulação, consumo e produção de sentido. Assim, assistir à simulação dramática de uma vasta gama de experiências seria, a partir de então, uma parte essencial da cultura moderna. Parte significativa das pessoas, inclusive no Brasil, passaria mais tempo consumindo vários tipos de drama do que cozinhando e comendo.

---

[124] BENTES, I. Multitropicalismo, cine-sensação e dispositivos teóricos. *In*: BASUALDO, C. (org.). **Tropicália** - uma revolução na cultura brasileira [1967-1972]. São Paulo: Cosac Naify, 2007. p. 99-130.

[125] BENTES, 2007, p. 66.

[126] WILLIAMS, 2016.

Ao longo da década de 1960, o Brasil viveria crescentemente esse fenômeno em sua forma audiovisual de consumo doméstico, graças à popularização da televisão. Certamente, a disseminação dessa nova tecnologia influiria na organização de hábitos cotidianos das pessoas. O próprio tropicalismo foi consoante à popularização da televisão. Williams, no entanto, diria que as tecnologias levam uma vida dupla, e a televisão não é exceção. Elas seriam, ao mesmo tempo, "ferramentas contemporâneas para a longa revolução em direção a uma democracia participativa e instruída"[127], e, por outro lado, instrumentos de contrarrevolução, em que "as forças do capital se entranham, com êxito, no mais fino grão da nossa vida cotidiana"[128].

Tratar do cotidiano neste capítulo também contribui para pensarmos a "virada temática" dos Estudos Culturais mencionada por Armand Mattelart[129]. A partir de 1968, os Estudos Culturais passariam a priorizar o sujeito e seu cotidiano e abandonariam, aos poucos, a problemática da luta de classes. Já Liv Sovik[130], em sua tese de doutorado, levanta a hipótese de a Tropicália poder ser pensada como um sintoma da condição pós-moderna em um país subdesenvolvido. A partir de seu olhar de estrangeira, de suíça criada nos Estados Unidos, admitiu ser curioso observar um movimento musical "pós-moderno" em um país de terceiro mundo, já que a teoria pós-moderna com que dialogava referia-se a países capitalistas desenvolvidos.

> São vários os pontos que a Tropicália ajuda a definir na discussão do pós-moderno ou, pelo menos, a debater a partir de novas evidências. Em primeiro lugar, as pré-condições do pós-moderno não se encontram, necessariamente, na penetração da informática ou na inundação do espaço social pelas imagens dos meios de comunicação. As condições do surgimento da nova tendência cultural foram,

---

[127] WILLIAMS, 2016, p. 17.

[128] *Idem.*

[129] MATTELART, 2011.

[130] SOVIK, L. **Vaca profana**: teoria pós-moderna e Tropicália. 1994. 133 f. Tese (Doutorado em Ciências da Comunicação) – Escola de Comunicações e Artes da Universidade de São Paulo, São Paulo, 1994.

no Brasil, (1) a implantação dos valores da sociedade de consumo, sobretudo onde ela é parcial e, portanto, percebida mais nitidamente devido à resistência do arcaico; (2) a restrição das possibilidades de ação política e a interrupção do fluxo público das energias utópicas. O esvaziamento da fé no avanço histórico e na possibilidade de novas realizações na estética não se deu, no Brasil, com a banalização do progresso tecnológico, por seu excesso, e sim com as restrições políticas e de expressão impostas pelo regime militar. Finalmente – o que não é novidade para o pensamento pós-moderno, mas que aqui se coloca de forma mais clara do que em outros lugares – tão logo a vitória política do capitalismo com seus mecanismos autoritários se naturalizam, criam uma pré-condição para o pós-moderno. No Brasil, esta pré-condição foi tão patente quanto qualquer decepção com as ideologias de esquerda[131].

Mesmo que a ideia de revolução e militância partidária não fizesse parte do tropicalismo musical, trabalho com a hipótese de politização sob outro viés. Certamente não me refiro ao cotidiano do *amor, flor e dor* dos inícios da bossa nova; o cotidiano intimista de uma Copacabana e de uma Ipanema projetado para o mundo nos fins dos anos 1950[132]. Para quem lê o cotidiano narrado pelos pioneiros da bossa nova, observa-se a narrativa de um país sem grandes conflitos sociais. Não é difícil assim imaginar a chique Zona Sul do Rio de Janeiro como palco de romances entre jovens brancos, heterossexuais e "bem nascidos". Nelson Motta, que poucos anos depois viria se tornar um conhecido comentarista de música em jornais e televisão, chamaria os protagonistas da bossa de "a turma do sobrenome". Sendo ele mesmo próximo aos

---

[131] SOVIK, 1994, p. 124.

[132] Em 1960, o mercado americano começa a absorver a bossa nova do Brasil. *Samba de uma nota só* e *Desafinado*, rebatizados de *One Note Samba* e *Out of Tune*, vendem mais de um milhão de cópias. Ver: RIBEIRO, D. **Aos trancos e barrancos** – como o Brasil deu no que deu. Rio de Janeiro: Guanabara, 1985.

músicos, fala em *Noites Tropicais* de "uma simpática rapaziada de famílias conhecidas"[133]. Portanto, quando se fala dos primórdios da bossa, fala-se também de cotidiano, de um cotidiano *fino* e *elegante* do Brasil. Não entrarei na questão de se esse otimismo era compartilhado por muitos. O que importa dizer é que, em seus primórdios, o cotidiano apresentado pela bossa nova dizia respeito a um universo bastante particular, vivido por uma elite carioca.

Ao mesmo tempo, seria redutor dizer que a narrativa cotidiana da *garota de Ipanema* e da *carioca* fosse uma regra geral do estilo bossanovista. Anos mais tarde, o cotidiano narrado seria protagonizado pela categoria de "povo". Porém, não é esse povo que narra esse cotidiano. É alguém que se identifica e tem empatia com ele. Na canção "Feio não é bonito", de Carlos Lyra (um dos "garotos de Copacabana"), vemos "o morro" como eu-lírico. Sai Ipanema/Copacabana e entra a favela:

> Feio, não é bonito
>
> O **morro** existe
>
> Mas pede pra se acabar
>
> Canta, mas canta triste
>
> Porque tristeza
>
> E só o que se tem pra contar
>
> Chora, mas chora rindo
>
> Porque é valente
>
> E nunca se deixa quebrar
>
> Ah, ama, o **morro** ama
>
> Um amor aflito, um amor bonito
>
> Que pede outra história[134].

---

[133] MOTTA, N. **Noites Tropicais:** solos, improvisos e memórias musicais. Rio de Janeiro: Objetiva, 2009. p. 59.

[134] FEIO não é bonito. Intérprete: Carlos Lyra. Composição: Gianfrancesco Guarnieri e Carlos Lyra. *In:* **10 ANOS DE BOSSA NOVA** - Nº 03. Intérprete: Carlos Lyra. Rio de Janeiro: Philips-Phonogram, 1974. 1 disco vinil, faixa 8 (1m59s). Grifo nosso.

Nesse contexto de "deselitização"/popularização da bossa nova, estreava, em maio de 1965, o programa *Fino da Bossa*, comandado por Elis Regina e Jair Rodrigues. Segundo Napolitano[135], o programa atraía o público estudantil que tinha como preocupação a recuperação do "samba autêntico" e a adequação da tradição da bossa nova às novas demandas expressivas que se impunham após o golpe militar. Via-se na televisão, portanto, o afastamento desse estilo de suas temáticas fundadoras: *amor, sorriso, flor, mar*. Os temas sociais passaram a constituir a grande demanda do período de 1964. O sucesso do programa podia se justificar pela desenvoltura comunicacional de seus apresentadores, em especial Elis Regina. Em sua coluna sobre música popular no *Jornal dos Sports*[136], Torquato Neto dizia:

> O que é importante – e ninguém quer enxergar agora – é que Elis Regina surgiu num momento crítico de nossa música e que, incorporando-se a ela, foi peça importantíssima no seu processo de massificação, necessário e urgente. Aliás, como pode essa gente ignorar que entre "Arrastão" e "A Banda" (período de mais de um ano), Elis foi quase sozinha a peça chave, a figura básica que conseguiu manter vivo e entre a juventude o interesse pela nossa música moderna? Quem não quer se lembrar que O Fino e Elis foram diretamente responsáveis pela afirmação de vários dos nossos compositores, de Edu Lobo a Gilberto Gil? Mantendo aquele programa, ao lado de Jair Rodrigues, Elis proporcionou as deixas para que muita gente mais surgisse, entre compositores, cantores e músicos. Onde afirmou-se o Zimbo Trio? Onde se apresentava Chico Buarque de Holanda até o Festival do ano passado? E Geraldo Vandré?[137]

---

[135] NAPOLITANO, 2010.

[136] Torquato Neto manteve uma coluna semanal sobre música popular no *Jornal dos Sports* entre março e setembro de 1967. Nos últimos meses, a coluna foi publicada pelo suplemento *O Sol*. Ver: PIRES, R. P. (org.). **Torquatália**: obra reunida de Torquato Neto. Rio de Janeiro: Rocco, 2004.

[137] PIRES, 2004, p. 141.

O *Fino da Bossa* mantinha o compromisso existente nos shows do Paramount de revelar novos talentos — inclusive Gilberto Gil, então funcionário da Gessy Lever de São Paulo. Por meio da televisão, a bossa nova como estilo musical ganhou uma popularidade jamais alcançada. Elis Regina soube explorar as potencialidades visuais desse novo meio, tornando-se uma grande mediadora entre a nova tecnologia e a música popular brasileira. A música pela televisão inauguraria uma preocupação com o gestual, com o espaço cênico e com a movimentação. A respeito disso, o maestro Júlio Medaglia diz: "a música deixou de ser uma realidade apenas auditiva para ser também visual"[138]. Elis foi levada a uma exageração do seu estilo interpretativo, tanto corporal quanto vocal. Ao mesmo tempo que teria o aval do público, a cantora descaracterizava a estética da bossa nova. Júlio Medaglia[139] diz: "deixando-se seduzir pelo sucesso empolgante e nacional do programa, foi apelando, nesse desejo de conquistar cada vez mais as massas, para **espetáculos quase carnavalescos**". Mesmo nesse ambiente carnavalesco, de festa, a prioridade informativa da música estava na denúncia social. Era preciso bradar, conscientizar. Conforme Santuza Cambraia Naves, a música popular se deslocava então para teatros lotados por estudantes ávidos por mensagens políticas através da música. Essa mudança na recepção musical passaria a exigir um canto mais projetado, diferente do estilo *cool* e introspectivo de João Gilberto[140].

Na presente reflexão, a televisão se coloca como peça-chave em razão de um interesse pelo elemento performático e visual da música: retórico, gestual, figurino etc. O elemento visual de artistas não tinha a mesma relevância na era do rádio como passou a ter nos tempos da televisão. O modo como o artista se colocava no palco passou a importar mais. Seus gestos e suas performances seriam vistos por uma escala de pessoas que dificilmente se poderia

---

[138] MEDAGLIA *apud* PAIXÃO, 2013, p. 65.

[139] *Idem*, grifo nosso.

[140] NAVES, S. C. **Da bossa nova à tropicália**. Rio de Janeiro: Jorge Zahar Editor, 2004.

dimensionar, um público fora das fileiras do teatro e presente nas salas de estar de suas casas.

No mesmo ano de 1965, o programa *Jovem Guarda* foi palco do estilo *rock-and-roll* no Brasil. Segundo Paixão[141], a agência de publicidade Magaldi Maia & Prosperi tinha conseguido produzir ídolos e transformá-los em fonte de consumo. A figura de Roberto Carlos e dos outros apresentadores do programa *Jovem Guarda* foi associada a um estilo de se vestir que os fãs almejavam imitar. Segundo Rui Martins[142], valendo-se do sucesso da música "O Calhambeque", foi lançada uma marca homônima à canção oferecendo aos fãs: calças, saias, chapéus, cintos, botinhas, blusões de couro, entre outros produtos. A imagem publicitária do artista passou a ser fonte de renda.

A respeito de narrativas musicais, as canções da jovem guarda tendiam a evitar críticas políticas e sociais, "privilegiando a abordagem dos temas do cotidiano e das aspirações românticas de jovens urbanos das classes operária e média"[143].

> Bravatas masculinas, liberação sexual, roupas da moda, carros extravagantes e festas animadas eram temas típicos da música da jovem guarda. Apesar de os roqueiros cultivarem uma imagem de rebeldia contra as convenções sociais conservadoras, eles também viam a música como um paliativo ao conflito político e às disputas entre gerações[144].

Carlos Imperial certa vez disse: "nas nossas canções, não falamos jamais de tristeza, de dor-de-cotovelo, de desespero, de fome, de seca, de guerra. Somos sempre uma mensagem de alegria para o povo... O *iê iê iê* aproximou os filhos dos pais, tornando o diálogo mais possível"[145]. Pode-se dizer que tanto na jovem guarda quanto

---

[141] PAIXÃO, 2013.

[142] MARTINS, R. **A rebelião romântica da jovem guarda**. São Paulo: Fulgor, 1966.

[143] MEDEIROS *apud* DUNN, 2009, p. 81.

[144] DUNN, 2009, p. 81.

[145] IMPERIAL *apud* DUNN, 2009, p. 81.

no tropicalismo há elementos de uma rebeldia de classe média. No entanto, podemos também dizer — a partir da própria afirmação de Carlos Imperial — que se tratavam de rebeldias diferentes.

No clássico livro *The Counterculture*, Theodore Roszak apresenta uma distinção entre o que poderíamos chamar de rebeldia concedida e aquilo que apresenta como contracultura de fato. Quando faz menção à sociedade tecnocrática, de "um padrão de normalidade apropriado à gestão da especialização técnica"[146], Roszak discute a noção de "dessublimação repressiva" de Marcuse. Nesse sentido, a liberação da sexualidade criaria uma sociedade na qual seria impossível a disciplina tecnocrática. Mas a simples repressão da sexualidade geraria "um ressentimento explosivo e generalizado que exigiria policiamento constante"[147]. Essa repressão associaria a tecnocracia a várias tradições puritanas. Porém, a estratégia escolhida nesse sistema não foi a repressão drástica, mas a versão de playboy para o sexo. O perfeito playboy seguiria assim uma carreira envolvida em trivialidades descomprometidas: "não existem para ele nem lar, nem família, nem romance que estraçalhe dolorosamente o coração"[148].

Pode-se daí inferir que, embora os romances e a dor de cotovelo também estivessem presentes na jovem guarda, fala-se, sem muita dificuldade, de um cotidiano de hedonismo em pleno momento de ditadura militar no Brasil. A turma do iê iê iê jamais falaria em arbitrariedades do Estado, repressão e autoritarismo. Entre muitas outras coisas, falava em consumo, namoro (dentro dos padrões heteronormativos) e das modas da juventude de então.

Num contexto de extraordinário sucesso do programa *Jovem Guarda*, via-se "um senso de urgência por programas televisionados de MPB"[149]. Quando o *Fino da Bossa* começou a perder audiência, a TV Record lançou o programa *Frente Única da Música Popular*

---

[146] ROSZAK, T. **A contracultura**. Petrópolis: Vozes, 1972. p. 25.

[147] *Ibidem*, p. 26.

[148] *Ibidem*, p. 27.

[149] DUNN, C. **Brutalidade jardim:** a Tropicália e o surgimento da contracultura brasileira. São Paulo: Editora Unesp, 2009. p. 82.

Brasileira. Nele se apresentavam a própria Elis Regina, Geraldo Vandré, Chico Buarque, Gilberto Gil, entre outros convidados. Nesse momento, ficava não só evidente a transferência de disputas políticas para a luta cultural. A televisão se firmava como arena privilegiada desses embates, tornando-os assim eventos midiáticos e gravados em videoteipe.

De acordo com Christopher Dunn[150], os festivais eram percebidos como um meio para a promoção da "autêntica" música brasileira mediada pelas massas, além de serem extremamente lucrativos não só para estações de televisão, mas também para gravadoras como a Philips, que produzia compilações de vários volumes de finalistas de festivais. No contexto político de um Brasil pós-golpe militar, os festivais televisionados se tornavam o meio privilegiado de promoção de cantores da MPB e de registro para diversas formas de protesto. Esse mesmo autor informa que para a devida compreensão da controvérsia gerada pela Tropicália, é necessário lembrar que muitos artistas da MPB mantinham uma relação "ambivalente, se não antagônica, com a mídia de massa"[151]. Momentos antes de sua desastrosa apresentação[152], Sérgio Ricardo se recordaria de uma conversa nos bastidores com Paulo Machado de Carvalho, o proprietário da TV Record:

---

[150]   DUNN, 2009.

[151]   *Ibidem*, p. 145.

[152]   No sábado, 21 de outubro de 1967, Sérgio Ricardo apresentou a música "Beto bom de bola", a sétima música da final. Para Zuza Homem de Mello (2003), o fato de a música estar entre as finalistas seria uma ilusão por uma fraca composição em comparação com outras obras do autor. Evitando repetir as vaias da eliminatória, o apresentador Blota Jr. pediu um voto de confiança do público, que não foi atendido. Esperando que o público encerrasse com as vaias, Sérgio Ricardo pediu para o público um pouco de paciência e, com espirituosidade, disse que poderia transformar o nome da música em "Beto bom de vaia". Segundo Zuza, a brincadeira surtiu efeito contrário. Em vez de se aquietar, a plateia se excitou vaiando ainda mais forte. Mal se fazendo ouvir, Sérgio emite um longo "Aaaah!" e canta: "Homem não chora por fim de glória [...] é, é, é ou não é/Bebeto é bom de bola". Em um momento, diz: "Não consigo nem ouvir o som", até que enfim desiste e proclama: "Vocês ganharam! Vocês ganharam! Mas esse é o Brasil não desenvolvido. Vocês são uns animais!". Em seguida, arremessa o violão para plateia, que caiu em alguém da terceira fila. Para mais detalhes ver: MELLO, Z. H. **A era dos festivais:** uma parábola. São Paulo: Editora 34, 2003.

> Naquele corredor de camarins do Teatro Paramount, confrontavam-se dois universos antagônicos, cuja aliança provocou uma estagnação. Um universo apresentava seu produto artístico e o outro abria as portas de sua venda, com um único intuito: o lucro. Uma parte interessada no prestígio, na consagração; a outra no dinheiro. Um objetivo dependendo do outro. Ora, sendo o negócio uma matemática fria, onde os produtos são substituídos por outros quando decrescem nas vendas, e por sua vez sendo a arte dinâmica e livre pela própria natureza, ao tornar-se dependente desta ou daquela coisa, cai na estagnação e acaba sobrando pra ela sempre o pior[153].

A denúncia de Sérgio Ricardo contra o "universo" da mídia de massa lembra a análise de autores que Umberto Eco denominaria de "apocalípticos"[154]. Para esses autores, a "indústria da cultura" seria um sistema vulgarizador da arte. Dentro dela, não haveria espaço para criatividade no sentido de o artista ser sujeito de seu próprio trabalho. Seria essa então a perspectiva da Escola de Frankfurt. Com a estandardização e a padronização próprias da indústria cultural, esses pensadores eram extremamente pessimistas quando à possibilidade de um produto de indústria assumir a função de arte. Por essa razão, preferiam o termo "indústria cultural" a "cultura de massas", pelo simples fato das massas não se constituírem como sujeitos protagonistas dessa cultura, mas apenas como mercado consumidor.

José Miguel Wisnik[155] atentaria para uma "má vontade de Adorno"[156] para com a música popular, o que seria compreensível num alemão de formação erudita. Por um lado, o uso musical para ele seria a escuta estrutural estrita e consciente de uma peça, a

---

[153] RICARDO *apud* DUNN, 2009, p. 145.

[154] ECO, U. **Apocalípticos e integrados**. São Paulo: Perspectiva, 2008.

[155] WISNIK, J. M. O minuto ou o silêncio. Por favor, professor, uma década de cada vez. *In:* NOVAES, A. (org.). **Anos 70**: ainda sob tempestade. Rio de Janeiro: Aeroplano; Senac Rio, 2005. p. 25-37. p. 29.

[156] *Idem.*

percepção da progressão das formas por meio da história da arte e da construção de uma determinada obra. Por outro, afirmaria que o equilíbrio entre a música erudita e a popular, num país como a Alemanha, faria a balança cair espetacularmente para o lado da tradição erudita, porque a música popular, naquele país, raramente era penetrada pelos setores mais criadores da cultura, vivendo numa espécie de "marasmo kitsch e digestivo (nos países europeus, o que traria de volta a grande vitalidade da música popular seriam os meios elétricos e o próprio rock)[157]".

Para Wisnik[158], a tradição da música popular no Brasil não se oferece simplesmente como um campo dócil à dominação econômica da indústria cultural que se traduz numa linguagem estandardizada, nem à repressão da censura que se traduz num controle das formas de expressão política e sexual explícitas, e nem às outras pressões que se traduziriam nas exigências do bom gosto acadêmico ou nas exigências de um "engajamento estreitamente concebido"[159]. Essa espécie de resistência da nossa música popular que Wisnik descreve se justificaria por sua "vitalidade", por sua "riqueza artesanal" e pela sua habilidade em captar as transformações da "vida urbano-industrial" — e de seu próprio cotidiano, acrescentaria.

Na visão desse autor, o uso mais forte da música no Brasil nunca foi o estético contemplativo, ou da "música desinteressada" (como diria Mário de Andrade), mas sim o uso ritual, mágico, o uso interessado da festa popular, o canto-de-trabalho, em suma, "a música como instrumento ambiental articulado com outras práticas sociais, a religião, o trabalho e a festa"[160].

> Foi se formando uma linguagem capaz de cantar o amor, de surpreender o quotidiano em flagrantes lírico-irônicos, de celebrar o trabalho coletivo ou

---

[157] *Idem.*

[158] WISNIK, 2005.

[159] WISNIK, 2005, p. 29.

[160] *Idem.*

de fugir à sua imposição, de portar a embriaguez da dança, de jogar com as palavras em lúdicas configurações sem sentido, e de carnavalizar na maior (subvertendo-a em paródia) a imagem dos poderosos[161].

Assim, diz Wisnik:

> O fenômeno da música popular talvez espante até hoje, e talvez por isso mesmo também continue pouco entendido na cabeça do país, por causa dessa mistura em meio à qual se produz: a) embora mantenha um cordão de ligação com a cultura popular não-letrada, desprende-se dela para entrar no mercado e na cidade; b) embora deixe-se penetrar pela poesia culta, não segue a lógica evolutiva da cultura literária, nem filia-se a seus padrões de filtragem; c) embora se reproduza dentro do contexto da indústria cultural, não se reduz às regras de estandardização. Em suma, não funciona dentro dos limites estritos de nenhum dos sistemas culturais existentes no Brasil, embora se deixasse permear por eles[162].

Para ele, esse tipo de música não teria uma pureza a defender: a das origens da Nação (de um romantismo folclorista), a da Ciência (pela qual zelaria a cultura universitária), a da soberania da Arte (cultuada por representantes eruditos). Por essa razão, argumenta que a música popular não poderia ser lida simplesmente por critérios da autenticidade nacional, nem da verdade racional, nem da pura qualidade. Wisnik fala em um "caldeirão", de um mercado onde várias tradições se confundiriam e cruzariam, muitas vezes de forma intencional.

Pondera dizendo que essa "zona do agrião" se constitui num campo repuxado por todos os lados, inclusive a redundância e os bem ou malsucedidos expedientes comerciais. Frisa, entretanto,

---

[161] *Ibidem*, p. 30.
[162] *Idem*.

que um sistema aberto como esse passa periodicamente por "verda-
deiros saltos produtivos, verdadeiras sínteses críticas, verdadeiras
reciciagens"[163]. Nesses momentos, alguns autores, individualmente
ou em grupos, repensariam toda a economia do sistema e conden-
sariam seus múltiplos elementos. Aponta assim como exemplo os
mais salientes desses movimentos "metacríticos": o nascimento
do samba em 1917, a bossa nova e o tropicalismo.

A propósito da "linha evolutiva" de Caetano Veloso, o filósofo
Antônio Cícero fez uma leitura sutil do argumento do primeiro,
observando que o conceito de "evolução" é problemático se lido
meramente como uma declaração teleológica implicando melhora
qualitativa ou avanço para um fim específico[164]. No entanto, os
tropicalistas não teriam introduzido mais complexidade na música
popular brasileira e certamente não teriam avançado a evolução
formal da bossa nova[165]. O tropicalismo podia ser lido assim como
um *sample* de ritmos e estéticas então existentes como o pop e o
rock. Assim como a guitarra, a televisão entraria como ingrediente
tecnológico no *sample* tropicalista. Quando se comparam os anos
de 1958 e 1968, não se pode afirmar igualmente que a estética bossa
novista dialogasse com a televisão. No contexto da Tropicália,
ela era a grande novidade, inclusive materializada na instalação
homônima de Hélio Oiticica.

O primeiro festival televisionado foi patrocinado pela TV
Excelsior do Rio de Janeiro. Pela primeira vez, uma geração de
músicos da MPB se dirigia a um público espectador mais amplo
que o restrito circuito universitário, o de clubes noturnos e o de
teatros. Os dois concursos mais importantes de 1966 a 1969 foram o
Festival de Música Popular Brasileira da TV Record, que apresentava
apenas artistas brasileiros, e o Festival Internacional da Canção
(FIC), da TV Globo do Rio, que se dividia entre artistas nacionais
e internacionais[166].

---

[163] WISNIK, 2005, p. 30.
[164] DUNN, 2007, p. 63.
[165] DUNN, 2007.
[166] DUNN, 2009.

2.1 "Alegria, alegria" e "Domingo no parque": os baianos no festival de 1967

Conforme já mencionado na introdução desta obra, a primeira aparição midiática "tropicalista" ocorreu em 1967, no *III Festival de Música Popular* da TV Record. De acordo com Zuza Homem de Mello[167], era a primeira vez que compositores como Edu Lobo, Sérgio Ricardo, Erasmo Carlos, Sidney Miller, Adilson Godoy, Geraldo Vandré subiam ao palco para defender suas próprias músicas (além do próprio Caetano Veloso e Gilberto Gil). Muitos deles, inclusive os próprios baianos, já haviam composto para festivais de anos anteriores. O terceiro festival da Record estreava três meses depois do fim do programa *O Fino da Bossa*, de Elis Regina. Nesse ínterim, o cenário da música popular brasileira era marcado por um momento de conturbação política, provocado, em grande parte, pela rivalidade entre Música Popular Brasileira (MPB) e o *rock-and-roll* da jovem guarda. Caetano foi vaiado quando se apresentou pela primeira vez nas eliminatórias com a banda de rock argentina Beat Boys. A plateia reagia contra a presença de um grupo de rock acompanhando o então jovem compositor joão-gilbertiano. Na época, a guitarra elétrica ainda era considerada por muitos nacionalistas culturais um "sinal" de alienação cultural. Conforme Dunn[168], a simples presença de um grupo de rock sugeria a filiação de Caetano à jovem guarda. No entanto, ele conseguiu conquistar uma plateia inicialmente hostil durante a rodada eliminatória e foi recebido com entusiasmo nas finais.

Foi dito anteriormente que "Alegria, alegria", composta e defendida por Caetano nesse festival, tratava o cotidiano confuso e fragmentado de uma grande cidade brasileira, constantemente atravessado por publicidade, pela mídia de massa e por produtos de consumo. A música de Caetano também utilizava a narração em primeira pessoa como os outros sucessos do festival — "A

---

[167] MELLO, 2003.

[168] DUNN, 2007, 2009.

banda", "Disparada" e "Ponteio". No entanto, o tema não era um herói valente lutando pela redenção coletiva por meio da música. O narrador de "Alegria, alegria" usufrui de um passeio por uma metrópole brasileira, "enquanto absorve de forma casual um fluxo de imagens e sensações desconexas, presentes em seu ambiente urbano"[169]. Nessa música, a fragmentação seria uma técnica formal que comunicaria o novo ritmo da vida cotidiana.

É importante mencionar o fato de o festival de 1967 da TV Record ter sido um evento da mídia de extraordinário sucesso. Segundo dados do IBOPE, 47,3% dos expectadores de São Paulo assistiram à transmissão das finais, realizadas no Teatro Paramount em 21 de outubro[170]. O sucesso dos festivais também se traduzia em recordes de vendas. O pacote de três discos com as músicas do festival, lançado pela Philips durante a rodada final, superou o disco *Sgt. Pepper's Lonely Hearts Club Band*, dos Beatles, como o LP mais vendido no início de novembro[171].

Segundo Zuza Homem de Mello[172], "Domingo no parque" era a música mais esperada do festival. Gil faria uma experiência misturando erudito com iê iê iê e popular. De fato, havia um pouco de cada, mas o que se veria naquela primeira noite é que ele injetara ritmo de capoeira, para depois orientar o maestro de formação erudita Rogério Duprat no sentido de acrescentar contornos do erudito e do rock, como George Martin fizera no disco dos Beatles, *Sargent Pepper's*, que o fascinava. Dessa maneira, o autor diz que soaria natural a aparente incoerência da participação de um berimbau (principal instrumento na capoeira) ao lado do som que caracterizava a nova proposta musical, a guitarra elétrica. Para Homem de Mello[173], o impressionante arranjo de Duprat permitiu que tamanho vácuo proveniente das diferentes genealogias musicais entre berimbau e guitarra pudessem desaparecer, fundindo

---

[169] AGUIAR *apud* DUNN, 2009, p. 89.
[170] Ver IBOPE, índices de assistência de TV, out. 1967 (DUNN, 2009).
[171] Ver IBOPE, gravações mais vendidas, 6-11 nov. 1967 (DUNN, 2009).
[172] MELLO, 2003.
[173] *Idem.*

ambos para se integrarem harmoniosamente com a orquestra. "Domingo no parque", de Gilberto Gil, foi a música mais inovadora do festival. A letra de Gil forma uma montagem dinâmica de imagens de uma miríade de perspectivas, que lembra a linguagem cinematográfica[174].

No palco, via-se de um lado os três Mutantes com os instrumentos elétricos. No meio, Gil com um violão. Do outro lado, Dirceu com um berimbau. "A usina de um lado. O artesanato no meio. E o primitivismo do outro"[175], descreveria Gil para Augusto de Campos. Além de Dirceu e de Os Mutantes, Gil contava com o acompanhamento da orquestra do festival. Ao ler essa descrição de disposição de palco, remeto-me aos conceitos de *emergente*, *dominante* e *residual* de Raymond Williams[176]. Ponho, assim, em paralelo a guitarra de Os Mutantes como elemento emergente, o violão de Gil como um elemento dominante na MPB e o berimbau de Dirceu como algo residual, pré-moderno. Para uma melhor compreensão dessa associação, cito Williams:

> Por "residual" quero dizer que algumas experiências, significados e valores que não podem ser verificados ou não podem ser expressos nos termos da cultura dominante são, todavia, vividos e praticados como resíduos – tanto culturais quanto sociais – de formações sociais anteriores. [...] Uma cultura residual está geralmente a certa distância da cultura dominante efetiva, mas é preciso reconhecer que, em atividades culturais reais, a cultura residual pode ser incorporada à dominante[177].

Ou seja, o berimbau nesse caso simboliza a capoeira e os ritmos originários do continente africano. Algo que integrou a

---

[174] O poeta concreto Décio Pignatari observou que "Domingo no Parque", de Gil, lembrava a técnica de Sergei Eisenstein, ao passo que "Alegria, Alegria", de Veloso, tinha afinidades estilísticas com a cinematografia de Jean Luc Godard. Ver: CAMPOS, 1986.

[175] MACCORD, G. **Tropicália**: um caldeirão cultural. Rio de Janeiro: Ferreira, 2011. p. 44.

[176] WILLIAMS, R. **Cultura e Materialismo**. São Paulo: Editora Unesp, 2011.

[177] WILLIAMS, 2011, p. 56.

cultura brasileira muito antes da constituição de uma sociedade capitalista no país. Mesmo assim, o berimbau, até os dias de hoje, não se faz somente presente em rodas de capoeira, permanecendo central na *axé music* e nos trios elétricos de Salvador.

Quanto ao termo "emergente", Williams diria:

> Por "emergente" quero dizer, primeiramente, que novos significados e valores, novas práticas, novos sentidos e experiências estão sendo continuamente criados. Mas há, então, uma tentativa muito anterior de incorporá-los, apenas por eles fazerem parte – embora essa seja uma parte não definida – da prática contemporânea efetiva[178].

Nesse caso, uma associação direta da guitarra como elemento emergente fica um pouco mais embaralhada. No campo da MPB, ela poderia ser vista como algo emergente, algo virtualmente incorporável a partir de muita disputa e negociação. No entanto, não temos dúvidas de que, num plano mais global, a guitarra exerceria um papel dominante. Seria um elemento central no rock e na música pop de língua inglesa.

Assim, a partir dos relatos de Caetano Veloso[179], Zuza Homem de Mello[180] e Christopher Dunn[181], sabemos de uma suspeita generalizada de artistas e críticos da esquerda em relação ao tropicalismo provocada pela presença de instrumentos elétricos, além da celebração da mídia de massa e de narrativas de um cotidiano subjetivo e fragmentado distantes das narrativas da MPB convencional. Gil e Caetano se posicionavam como principais defensores de uma estética pop no exato momento em que o termo emergia no vocabulário crítico e jornalístico no Brasil[182]. Em um artigo publicado no *Jornal da Tarde*, nas vésperas das finais do festival, Gil explicou:

---

[178] *Ibidem*, p. 57.
[179] VELOSO, 1997.
[180] MELLO, 2003.
[181] DUNN, 2009.
[182] *Idem*.

> Música pop é a música que consegue comunicar – dizer o que tem a dizer – de uma forma simples como um cartaz de rua, um outdoor, um sinal de trânsito, uma história em quadrinhos. É como se o autor estivesse procurando vender um produto ou fazendo uma reportagem com textos e fotos. A canção é apresentada de forma tão objetiva que, em poucos versos e usando recursos musicais e montagens de sons, consegue dizer muito mais do que aparenta[183].

Com o crescimento da população urbana e da mídia de massa — explica Christopher Dunn[184] —, ficaria cada vez mais difícil reconciliar o "popular" com as associações tradicionais do folclore rural. Augusto de Campos já tinha feito referência a uma maior proximidade dos Beatles, dos Rolling Stones, da jovem guarda, com o cotidiano da classe média do que a categoria de povo das músicas de protesto. Para Dunn, popular não podia mais ser unicamente definido por "necessidades de aumentar a consciência política", como propunha o CPC[185]. No entanto, ao evocar o conceito de pop, Gil não necessariamente negava o potencial de oposição da cultura popular, mas sugeria que o surgimento de um mercado nacional de produtos culturais rompia com concepções idealizadas de "popular" na cultura brasileira.

A concepção de cultura popular defendida por Gil naquele contexto se aproxima da conceituação de Stuart Hall, sociólogo jamaicano e teórico cultural que entre os anos de 1968 e 1979 dirigiu o Centre for Contemporary Cultural Studies (CCCS) da Universidade de Birmingham, na Inglaterra. Junto a Raymond Williams e Richard Hoggart, Hall funda a escola de pensamento que hoje é conhecida como Estudos Culturais. Para ele, o conceito de cultura estava relacionado a um *conjunto de práticas,* e não a um *conjunto de coisas*. Diria respeito basicamente à produção e ao intercâmbio de

---

[183] DUNN, 2009, p. 91.

[184] DUNN, 2009.

[185] *Idem.*

sentidos, ao "compartilhamento de significados", entre os membros de um grupo ou sociedade. Nas palavras de Marco Schneider:

> Os Estudos Culturais, desde o seu surgimento, têm como uma de suas marcas a articulação entre pesquisa teórica e militância política, ainda que heterodoxa, por assim dizer, na medida em que incorpora à luta contra a opressão de classe pautas relacionadas à defesa dos direitos de grupos sociais entendidos como oprimidos ou minoritários, num recorte não classista, mas étnico, racial, sexual, de gênero. Com o tempo, o elemento classista foi sendo gradualmente retirado da agenda, que passou a incorporar os mais variados assuntos, do grafite de rua ao software livre[186].

No entanto, pontua que o rico debate em torno da problemática da ideologia foi sendo deixado de lado, substituído por uma visão abrangente de "cultura", "[...] que trata a 'cultura' não apenas como um forte aspecto de organização e comunicação social, mas como uma instância determinante"[187].

A formação do campo dos Estudos Culturais seria, assim, uma proposta inovadora de se pensar a cultura, articulando-a com a questão da ideologia e da luta de classes, isto é, a partir da crítica da economia política. Nesse sentido, seria uma resposta metodológica ao *economicismo* do marxismo vulgar. Ao longo dos anos 1980, entretanto, os Estudos Culturais abstrairiam o funcionamento das indústrias de cultura e de seus produtores, além do problema da ideologia. Armand Mattelart[188] chamou esse momento de "giro etnográfico". Se, por um lado, havia uma atenção especial para o sujeito, o indivíduo e rituais do cotidiano, Schneider afirma que o abandono dessa articulação da cultura com a questão de classe é

---

[186] SCHNEIDER, M. Comunicação, classes sociais e cidadania: crítica da economia política e dos estudos culturais. **Eptic**, Sergipe, v. 15, n. 3, set./dez. 2013. Disponível em: https://seer.ufs.br/index.php/eptic/issue/view/149. Acesso em: 10 mar. 2017. p. 6.

[187] AHMAD *apud* SCHNEIDER, 2013, p. 6.

[188] MATTELART, 2011.

um problema teórico e prático, "sintoma da crise das esquerdas, que começa com os relatórios de Kruschev no XX Congresso do PCUS, em 1956, e atinge seu ponto culminante com o esfacelamento da União Soviética, acompanhado da vitória de Pirro do neoliberalismo na década seguinte"[189]. Com base na leitura de Sovik[190], pode-se igualmente dizer que a proposta tropicalista teve o mesmo problema de ordem prática. No campo da cultura, seria um forte sintoma da crise dos projetos da esquerda de então, inclusive no âmbito da referida "cultura popular".

Retomando assim a concepção de Stuart Hall[191] sobre cultura popular, não falaríamos exclusivamente nem de tradições populares — o homem do campo narrado nas músicas de protesto — nem de formas amplamente distribuídas de música, publicações, atividades de lazer e entretenimento que comporiam o cotidiano na maioria de pessoas comuns" — Coca Cola, Cardinale, Monroe e Brigitte Bardot.

Na primeira apresentação televisionada do tropicalismo, é possível identificar o que Nestor García Canclini denomina de hibridação: "processos socioculturais nos quais estruturas ou práticas discretas, que existiam de forma separada, se combinam para gerar novas estruturas, objetos e práticas"[192]. A partir dessa concepção, não interessa aqui observar o tropicalismo musical como objeto estático; a preocupação está em ler a dinâmica interna de um movimento midiático. Canclini afirma que o processo de hibridação não é necessariamente produtivo. Somente assim o será quando apresenta mudanças caras a uma contra-hegemonia. Ao contrário disso, o objeto híbrido pode não apresentar propostas políticas significativas, mas sim servir aos interesses das classes dominantes e do *status quo*.

---

[189] SCHNEIDER, 2013, p. 6.

[190] SOVIK, 1994.

[191] HALL, 2003.

[192] CANCLINI, N. G. **Culturas Híbridas** - estratégias para entrar e sair da modernidade. São Paulo: EDUSP, 1997. p. 19.

Neste estudo, defendo o argumento de que o hibridismo presente na primeira apresentação tropicalista promoveu um início de quebra de dualidade que separava, de um lado, uma autêntica *música popular brasileira* e, de outro, *rock* e iê iê iê. Nesse sentido, podemos dizer que a antropofagia tropicalista operou em um sentido de *blasfêmia*, tal como conceituado por Mikhail Bakhtin. Para o linguista russo, a *blasfêmia* seria uma característica da cultura popular ao longo dos séculos. Estaria na irreverência, na paródia, na jocosidade tanto na linguagem como em atos performáticos[193]. Homi Bhabha conferiria à *blasfêmia* um significado ainda mais forte:

> A blasfêmia vai além do rompimento da tradição e substitui sua pretensão a uma pureza de origens por uma poética de reposicionamento e reinscrição. [...] A blasfêmia não é simplesmente uma representação do sagrado pelo secular; e um momento em que o assunto ou o conteúdo de uma tradição cultural está sendo dominado, ou alienado, no ato da tradução. Na autenticidade ou continuidade afirmada da tradição, a blasfêmia "secular" libera uma temporalidade que releva as contingências, mesmo as incomensurabilidades, envolvidas no processo de transformação social[194].

De forma mais discreta do que se verificaria ao longo de 1968, a quebra dos padrões de vestimenta dos festivais já seria uma transgressão do papel social dos músicos. No lugar de smoking, Caetano usaria paletó xadrez e uma camisa cor de laranja e gola rolê. Nesse quesito, Os Mutantes seriam mais ousados desde o primeiro festival. No lugar dos trajes de gala, vestiam fantasias.

A união de banda de rock, berimbau, um sanfoneiro e uma orquestra também seria uma quebra de paradigmas num momento em que a guitarra estava fora de cogitação num festival de música popular brasileira. Por essa razão, a apresentação de Gil no *III Fes-*

---

[193] BAKHTIN, 2013.

[194] BHABHA, H. **O local da cultura**. Belo Horizonte: UFMG, 1998. p. 309-310.

tival da Record pode ser considerada uma blasfêmia da linguagem musical. Conforme Augusto de Campos[195], Gil confundiu um público prestes a vaiar um músico acompanhado de uma banda de rock. A plateia (maior parte anti-*iê iê iê*) teria ficado confusa entre vaiar ou aplaudir aquele número de rock-capoeira-baião. Entoado por ritmos tradicionais do Brasil, o público não pôde imediatamente classifica-lo como *rock-and-roll* baseando-se na presença de guitarra. Assim, concepções dicotômicas que separavam a música feita no Brasil entre *música popular brasileira* e *rock* ficaram embaralhadas.

2.2 "Alô, alô, Teresinha": moda, cafonismo e Caetano no Chacrinha

No verão de 1968, a Tropicália tinha se tornado uma espécie de moda no Rio de Janeiro e em São Paulo. Jovens jornalistas, como Ruy Castro e Luiz Carlos Maciel, do *Correio da Manhã*, e Nelson Motta, do Última Hora (Rio), produziriam uma série contínua de artigos e resenhas na imprensa apoiando os tropicalistas, concentrando-se principalmente na reciclagem irônica de estereótipos banais da vida nos trópicos brasileiros[196].

De acordo com Dunn, Motta deu início a uma "cruzada tropicalista", propondo "assumir completamente tudo o que a vida nos trópicos pode dar, sem preconceitos de ordem estética sem cogitar de cafonice ou mau gosto, apenas vivendo a tropicalidade e o novo universo que ela encerra ainda desconhecido"[197]. Em texto escrito para o jornal *Última Hora*[198], Nelson Motta imaginou uma festa no Copacabana Palace com decoração tropical, palmeiras e vitórias régias cobrindo a piscina. Aos convidados, seriam servidos sanduíches de mortadela e queijo, vatapá e, em vez de licores,

---

[195] CAMPOS, 1986.

[196] DUNN, 2009.

[197] *Ibidem*, p. 148.

[198] MOTTA, N. A Cruzada Tropicalista. *Última Hora*, 5 fev. 1968. **Tropicália**, Reportagens históricas, [20--]. Disponível em: http://tropicalia.com.br/v1/site/internas/report_cruzada.php. Acesso em: 14 ago. 2024.

xarope Bromil. As ideias de Motta para esse "jeito tropicalista" seriam estereótipos de "brasilidade" de décadas anteriores.

> Ele recomendava que os homens usassem os cabelos puxados para trás com brilhantina e vestissem ternos brancos de linho, camisas de náilon, gravadas de cores vivas, sapatos de dois tons, feitos com pele de crocodilo ou de cobra, e anéis com o símbolo do zodíaco. Combinando elementos do malandro tradicional e de um dândi tropical moderno, a moda proposta por Motta era ao mesmo tempo antiquada e ultramoderna. Para as mulheres, turquesa, laranja, maravilha e verde-amarelo seriam as cores da moda, com anáguas e cabelos com "litros de laquê". No âmbito da música, ele recomendava o sentimental samba-canção pré-bossa-nova e os sucessos de Carmen Miranda[199].

Gonzalo Aguilar[200] diria que em um texto muito amargo sobre o caminho que sua obra havia tomado, Oiticica se lamenta: "tropicália virou moda!", "Cara de Cavalo virou moda!".

> E agora o que se vê? Burgueses, subintelectuais, cretinos de toda espécie a pregar tropicalismo, tropicália (virou moda) – enfim, a transformar em consumo algo que nem sabem direito o que é. Ao menos uma coisa é certa: os que faziam *stars and stripes* já estão fazendo suas araras, suas bananeiras etc., ou estão interessados em favela, escolas de samba, marginais anti-heróis (Cara de cavalo virou moda) etc. Muito bom, mas não se esqueçam de que há elementos aí que não poderão ser consumidos por esta voracidade burguesa: o elemento vivencial direto, que vai além do problema da imagem, pois quem fala em tropicalismo apanha diretamente a imagem para consumo ultrassuper-

---

[199] DUNN, 2009, p. 148.

[200] AGUILAR, G. **Hélio Oiticica**, a asa branca do êxtase: arte brasileira 1964 – 1980. Rio de Janeiro: Anfiteatro, 2016.

ficial, mas a vivência existencial escapa, pois não a possuem – sua cultura ainda é universalista, à procura desesperadamente de um folclore, ou a maioria das vezes nem a isso[201].

Para ilustrar essa "moda", cito alguns exemplos. Na coluna "Picadinho", do *Jornal do Brasil*, lemos: "Caetano Veloso, seguindo a linha *tropicália* (*hippy* traduzido para o Brasil), lança a moda do terno branco com sapato de duas cores, para o verão carnavalesco"[202]. No *Correio da Manhã* encontrei a seguinte nota na coluna de Rosita Thomas Lopes: "José Lewgov, fotografando para a Rhodia, de terno branco, sapato de duas cores, bem tropicália, rodeado de manequins lindas"[203]. Em matéria da revista *O Cruzeiro* encontrei o seguinte comentário: "Isabella é atriz, seus personagens são variados. Caetano Veloso, de Hugo Rocha, é um dos seus modelos favoritos"[204].

A respeito dessa moda, Henrique Monnerat[205] chama atenção para sua atualidade. Ao digitar nos serviços de busca do Google as palavras "tropicalismo" e "moda", encontrou aproximadamente 195.000 resultados. Algo curioso então se revelaria: as páginas iniciais são em sua maioria de sites de moda, de marcas de roupa, acessórios ou de lojas que divulgam suas coleções explorando o que se apontou como a tendência do verão 2012 e 2013. Segundo o autor, as referências de artigos sobre o tema que relacionam o tropicalismo à moda se perdiam pela blogosfera.

No momento em que o tropicalismo virava uma moda, os artistas "adotaram personalidades da mídia de massa popular, uma postura considerada escandalosa pelos artistas originalmente identificados com a MPB"[206]. Segundo Calado[207], Caetano não gos-

---

[201] OITICICA *apud* MONNERAT, 2013, p. 17.

[202] MARIA, L. Picadinho. **Jornal do Brasil**, Rio de Janeiro, 11 fev. 1968. Caderno B, p. 3.

[203] LOPES, R. T. Rosita Thomas Lopes informa. **Correio da Manhã**, Rio de Janeiro, 17 mar. 1968. Segundo Caderno, p. 1.

[204] CAPARELLI, N. **O Cruzeiro**, Rio de Janeiro, 22 jun. 1968. p. 66.

[205] MONNERAT, 2013.

[206] DUNN, 2009, p. 149.

[207] CALADO, C. **Tropicália**: a história de uma revolução musical. São Paulo: Editora 34, 1997.

tou de início de ver seu projeto musical rotulado de tropicalismo, confundido com aquele folclore de ternos de linho, chapéu de palha, xarope Bromil e sambas-canções. Por outro lado, diz o autor, mesmo que o rótulo tivesse pouco a ver com o que vislumbravam em termos musicais, Caetano e seus parceiros avaliaram que a propaganda poderia ser útil de alguma maneira. Assim, ao longo do ano de 1968, Gil e Caetano se apresentariam em programas populares de música e variedades na televisão como a *Discoteca do Chacrinha*, na TV Globo. Ou seja, o caráter de moda associado ao tropicalismo, longe de ser algo rejeitado, passou a ser ambiguamente assumido.

José Abelardo Barbosa de Medeiros, o Chacrinha, foi um apresentador de programas de auditório entre as décadas de 1950 e 1980. Em 1956 estreou na TV Tupi com o programa *Rancho Alegre*. Em julho de 1967, foi contratado pela Globo para apresentar dois programas: a *Discoteca do Chacrinha*, às quartas-feiras, e *A Hora da Buzina*, rebatizado em 1970 como *Buzina do Chacrinha*, aos domingos[208].

De acordo com Celso Favaretto, seu programa fazia um enorme sucesso entre a classe trabalhadora justamente por seu humor carnavalesco. Chacrinha então promovia um "antiestilo" que celebrava o mau gosto, o que ofendia a sensibilidade daqueles que buscavam expressar representações mais nobres da cultura brasileira. Os tropicalistas consideravam Chacrinha interessante porque ele recriava o excesso grotesco e a irreverência do carnaval em seus programas[209]. Nos termos de Bakhtin[210], pode-se dizer que no programa do Chacrinha vigorava a *linguagem familiar da praça pública*. Isto é, uma linguagem permeada de grosserias e de expressões e palavras injuriosas.

---

[208] Cinco anos depois voltou para a Tupi. Em 1978, transferiu-se para a TV Bandeirantes e, em 1982, retornou à Globo, onde ocorreu a fusão de seus dois programas num só, o *Cassino do Chacrinha*, que fez grande sucesso nas tardes de sábado (MEMÓRIA Globo, **Chacrinha**. Memória Globo, 29 out. 2021. Disponível em: https://memoriaglobo.globo.com/perfil/chacrinha/noticia/chacrinha.ghtml. Acesso em: 14 ago. 2024).

[209] FAVARETTO *apud* DUNN, 2009, p. 150.

[210] BAKHTIN, 2013.

Após a participação de Caetano Veloso em especial comandado por esse apresentador, *Noite da Banana*, o jornalista Eli Halfoum fez duras críticas a Caetano:

> A adesão comercial de Caetano Veloso ao tropicalismo, movimento que nasceu com boas intenções mas já está virando **'brincadeira de mau gosto'**, era também aceitável até certo ponto. O que não se pode concordar é com aquela **participação do hippie de Santo Amaro da Purificação no programa do Chacrinha...** Mas o compositor Caetano Veloso [...] não se pode deixar envolver por essa máquina comercial, que o está levando a iniciar uma carreira onde geralmente todo mundo termina: o circo[211].

O argumento do jornalista seria de que o artista poderia perder prestígio social e ser reduzido à autoparódia. No entanto, seu discurso na imprensa se valia de antemão de um termo depreciativo quando, no lugar de "compositor", refere-se a Caetano como "hippie de Santo Amaro". A irreverência, de fato, seria uma atitude arriscada por parte de um cantor-compositor de MPB já consagrado em festivais e em círculos intelectuais. Porém, a participação de Caetano no programa do Chacrinha teria, sem dúvida, ajudado a aumentar sua popularidade fora do "meio universitário instruído da classe média", os consumidores de MPB[212].

Se num primeiro momento o tropicalismo, tal como definido por Motta[213], incomodou os artistas que pretendiam nada mais que um "som universal", pode-se dizer que o "popularesco" serviu aos baianos como estratégia comercial e de comunicação. A blasfêmia resultante da participação desses já cultuados músicos no programa do Chacrinha seria um desdobramento de quebra de dualidades e fronteiras de distinção na música popular como:

---

[211] HALFOUM *apud* DUNN, 2009, p. 150, grifos nossos.

[212] DUNN, 2009.

[213] MOTTA, 1968.

bom gosto (associado à MPB) vs. mau gosto (associado ao rock, ao brega etc.); arte (confecção artesanal da música) vs. entretenimento (produto industrial alienado). Nessa quebra de dualidade, verificamos um primeiro movimento dos artistas em "ser cultura de massas e mexer com ela"[214]. Essa frase seria uma possível definição de Caetano sobre a Tropicália em resposta a Charles Gavin, no programa *O Som do Vinil* (2011).

No mesmo programa, Tom Zé disse que "o Brasil não era uma classe média culpada e de esquerda, que o Brasil era Chacrinha"[215]. Ou seja, os artistas estavam cada vez menos preocupados com os círculos restritos do público de MPB se apresentando num programa considerado à época "cafona", "grotesco" e "reacionário". Os artistas incorporavam o repertório popular estando nos holofotes do que se tinha de mais popular no Brasil. A partir desse ato midiático de blasfêmia, identifica-se um movimento de maior abrangência da então denominada sigla MPB, se for definida como "uma categoria híbrida que surgia das sensibilidades pós-bossa nova mas na qual estavam presentes valores estéticos e preocupações sociais ligadas ao imaginário nacional-popular [...] sem sucumbir à categoria de iê iê iê"[216]. Já é sabido que esse "imaginário nacional-popular" não abrangeria, a princípio, qualquer repertório nacional e popular. Segmentos da jovem guarda e da música brega estariam de fora dessa categoria. Nas fronteiras da MPB, o tropicalismo encontrava-se numa zona cinzenta, porém mais integrado à sigla que seus colegas da jovem guarda. Se for possível ler a MPB como um subcampo, tal como conceituado por Pierre Bourdieu[217], pode-se identificar no fim daqueles anos uma maior abertura ou abrangência desse *subcampo*. Num primeiro momento, a maior abrangência esteve na quebra do tabu da guitarra. A apresentação de Caetano na *Noite da Banana* do Chacrinha,

---

[214]   CANAL Brasil. Tropicália ou Panis e Circensis | O Som do Vinil (Parte 2). **YouTube**, 18 ago. 2020. Disponível em: https://www.youtube.com/watch?v=RVizUr6WtS0. Acesso em: 14 ago. 2024. s/p.

[215]   *Idem.*

[216]   DUNN, 2007, p. 61.

[217]   BOURDIEU, P. **A distinção:** crítica social do julgamento. Porto Alegre: Zouk, 2011.

e toda sua repercussão na imprensa, poderia atrair novos olhares para o "tropicalismo". Assim, os artistas de festivais de MPB ampliariam seu escopo de público na presença de um programa de auditório bastante popular.

Possivelmente, as fronteiras do "bom gosto" eram mais duras que o nacionalismo do núcleo rígido da MPB. Em maio de 1973, Caetano Veloso provocaria novamente gravando "Eu vou tirar você desse lugar" com Odair José no festival *Phono 73*. Considerado um cantor do estilo romântico-brega, o apelidado "terror das empregadas" diria em entrevista para o jornal *O Povo*: "mas existia, sim, um 'não queremos Odair José com o Caetano'. Tanto que fui vaiado o tempo todo. O Caetano até sai do palco, joga o microfone no chão. Quando ele voltou, o povo segurou as vaias, mas eu caguei e andei para aquelas vaias"[218].

Sobre a adesão desse artista nas classes populares, um levantamento foi feito pela Marplan, um serviço de pesquisas de opinião do *Jornal do Brasil*, em que participantes respondiam à seguinte pergunta: "Caetano Veloso é um bom artista?". Nas respostas, Caetano teve uma aprovação de 50% da classe alta, 47% da classe média e 62% dos mais pobres. Desse total, 80% das pessoas não aprovaram as vaias do *FIC* de 1968[219].

2.3 *Vida, Paixão e Banana do Tropicalismo*

Meses mais tarde, o grupo tropicalista elaboraria suas críticas irônicas à sociedade brasileira em um especial da TV Globo, *Vida, paixão e banana do tropicalismo*. José Carlos Capinam, Torquato Neto e Zé Celso escreveram um roteiro para a produção, que previa um grande elenco, incluindo os músicos tropicalistas, o cineasta Glauber Rocha, a estrela de cinema Othon Bastos, o próprio diretor de teatro Zé Celso e os atores Renato Borghi, Ítala Nandi e Etty Fraser.

---

[218] SAMPAIO, M. Odair José - o trovador da luz vermelha (parte 4). **O Povo**, Fortaleza, 19 nov. 2012. Disponível em: http://blog.opovo.com.br/discografia/odair-jose-o-trovador-da-luz-vermelha--parte-4/. Acesso em: 15 mar. 2017.

[219] DUNN, 2009.

O programa também incluiria várias celebridades do rádio da era pré-bossa nova, como Linda Batista, Araci de Almeida, Emilinha Borba, Vicente Celestino e Luiz Gonzaga. Capinam e Torquato Neto imaginaram um coro de convidados, incluindo turistas norte-americanos, voluntários do Corpo de Paz, políticos nacionais e membros da Academia Brasileira de Letras[220]. Nas palavras de Dunn, uma produção tão elaborada seria "obviamente" impossível; "a própria lista para o elenco era evidentemente uma piada"[221]. O roteiro original foi então pré-censurado pela empresa Rhodia e pela TV Globo.

Apesar de grande parte do roteiro original[222] nunca ter sido transmitido, este interessa enquanto texto pelo simples fato de não ter sido originalmente aceito pela produção do programa. Haveria de ter uma razão. O roteiro original propunha um show de variedades, como uma colagem, que permitisse *happenings* espontâneos envolvendo o elenco e a plateia. A trilha sonora incluía músicas tropicalistas conhecidas, como "Tropicália", "Marginália II", "Soy Loco por tí, América", "Lindonéia" e "Parque Industrial", sambas patrióticos como "Aquarela do Brasil" e "Hino do Carnaval Brasileiro", e clássicos nacionais, como a ópera de Carlos Gomes "Il guarani" e "Bachianas brasileiras", de Villa-Lobos. Cartazes espalhados pelo palco faziam referências a citações da carta de Pero Vaz Caminha ("Tudo que se planta dá"), máximas positivistas ("Ordem e progresso"), o "Manifesto Antropófago", de Oswald de Andrade ("Tupi or not tupi, that is the question"), slogans populistas da era Vargas ("O petróleo é nosso") e declarações autoritárias do regime militar ("A mais perfeita ordem reina no país")[223].

A maior parte do roteiro foi escrita no sentido irônico e sarcástico da "cruzada tropicalista" de Motta. Um membro do elenco,

---

[220] DUNN, 2009.

[221] *Ibidem*, p. 151.

[222] O roteiro completo encontra-se disponível em: https://pt.scribd.com/doc/56688260/vida--paixao-e-banana-do-tropicalismo. Acesso em: 11 mar. 2017.

[223] DUNN, 2009.

por exemplo, iria se vangloriar do fato do regime político de então ser "um dos mais perfeitos da história"[224]:

> [...] Aqui vigoraria uma perfeita democracia. No campo do folclore, encontramos uma plebe que não tem complexos e conta todo dia com sambas e macumbas. Sua ventura de habitar tão bela terra. Nossos índios são os melhores mesmo, maravilhosos tarzãs do grande José de Alencar, e vivem num paraíso terrestre[225].

Durante as canções mais patrióticas, os membros da equipe deveriam levantar placares com slogans motivadores do regime militar, como "Eu amo com fé e orgulho" e "Sem ordem não há progresso". Assim, o "humor cáustico" do roteiro de *Vida, paixão e banana do tropicalismo*, além de sua "truncada" produção para televisão, dependeria da utilização da paródia para ridicularizar o discurso nacionalista conservador[226].

Christopher Dunn[227] também afirma que, apesar de nem sempre de forma explícita, os tropicalistas também parodiavam o "luso-tropicalismo" de Gilberto Freyre, o arquiteto da tese da "democracia racial". Articulada pela primeira vez na década de 1940, sua teoria afirmava que o "mundo português", incluindo a metrópole europeia, o Brasil e as colônias da África e da Ásia, deveria ser visto como uma "totalidade luso-tropical", na qual as diferenças entre colonizado e colonizador seriam transcendidas e os antagonismos sociais seriam ausentes. Freyre então proclamava o Brasil como um pioneiro no desenvolvimento de uma sociedade "mais democrática e humanitária". Para ele, o "experimento da miscigenação" do Brasil poderia servir como um modelo para outras sociedades multirraciais como a dos EUA. Apesar das pretensões igualitárias, o luso-tropicalismo de Freyre projetava uma

---

[224] *Ibidem*, p. 151.

[225] NETO *apud* DUNN, 2009, p. 151.

[226] DUNN, 2009.

[227] *Idem*.

visão excessivamente otimista e estática da cultura e da sociedade brasileira. Defensor do colonialismo português na África e também do regime militar no Brasil, Freyre se tornou um adversário de artistas progressistas e intelectuais dos anos 1960.

Freyre fora incluído no roteiro de *Vida, paixão e banana do tropicalismo*. Para Dunn, esse fato sugere que os autores consideravam o luso-tropicalismo também um alvo de referências paródicas. Em parte do roteiro, o anunciador entrevistaria Freyre perguntando-lhe se "sua ciência tropicalista está sendo deturpada por esses jovens compositores, teatrólogos e cineastas"[228]. Como a participação de Freyre teria sido somente imaginária, não há como saber como ele responderia. Assim, o autor nos informa que apesar de o projeto intelectual de Freyre estar muito distante do "circo da Tropicália", transmitida pela mídia de massa, a relação entre os dois "tropicalismos" distintos provocou comentários de alguns intelectuais brasileiros.

Pela hipótese de Dunn[229], o poeta e intelectual Mário Chamie talvez tenha sido o primeiro crítico a argumentar em favor da elaboração de uma distinção radical entre o "tropicalismo" (com as repercussões da obra de Freyre) e o movimento emergente da Tropicália. Ele compararia o caráter "atemporal e harmonioso" do modelo de Freyre, com base nas relações sociais nas plantações coloniais, à "visão dinâmica e contraditória" do Brasil elaborada pelos jovens baianos. Chamie argumentou que o tropicalismo de Freyre sustentava a "perenidade diacrônica de nossa personalidade de povo", ao passo que a Tropicália "só admite a provisoriedade sincrônica" de um mundo em constante fluxo, devido ao incessante bombardeio de informações disseminado pela mídia de massa[230].

Essa observação de Chamie tem bastante a ver com o interesse de Canclini, aqui já mencionado, em observar a hibridação como algo dinâmico, e não como algo estático. Além do tropicalismo

---

[228] DUNN, 2009, p. 152.

[229] DUNN, 2009.

[230] CHAMIE *apud* DUNN, 2009.

musical lidar com um cotidiano bombardeado de informações midiatizadas, afirma-se que a dialética contida nesse movimento assumia o contorno desses fluxos de informação. Essa estética, que ganharia o nome de "tropicalismo", vai mudando de figura a partir de uma relação dialógica entre os próprios artistas e os discursos midiáticos.

O primeiro *tape* de um programa piloto foi gravado na boate Som de Cristal em São Paulo, no dia 23 de agosto de 1968. Com cerca de 2 mil convidados na plateia, aconteceu uma tumultuada gravação do primeiro programa de televisão dos próprios tropicalistas, uma versão simplificada do original *Vida, paixão e bananas do tropicalismo*, que não fora aprovado pelo patrocinador Livio Rangan da Rhodia[231].

> Executivos de terno e gravata, grã-finas bem vestidas e artistas mais à vontade misturavam-se a estudantes, alguns até carregando livros e cadernos. Mais informais ainda, dezenas de rapazes usando calções de futebol e camisas do Corinthians e Palmeiras formavam um cenário colorido, emoldurado pelos ramos de coqueiros que emolduravam o salão de dança naquela noite de sexta-feira. Nas paredes, faixas com chavões frases *nonsense*, como "Quem te viu quem te vê", "Primo, você que é feliz", "Não faltará pescado na Semana Santa", "E agora, José?", "Não teremos destruído se não destruirmos as ruínas", "Vai que é mole" ou "Deixa comigo" realçavam o tom da cafonice[232].

Enquanto "o estado-maior tropicalista" não chegasse num dos dois palcos da casa, a *crooner* Hermely tentava entreter a plateia com um repertório variado, de sambas a canções francesas. Em clima de festa, o maestro Rogério Duprat, o primeiro tropicalista a aparecer no salão, chegou a ser carregado nos ombros pelo comediante Jô Soares e o produtor Roberto Palmari. Ironicamente, o can-

---

[231] CALADO, 1997.
[232] CALADO, 1997, p. 210.

tor Vicente Celestino, um dos convidados especiais do programa, tinha morrido há pouco mais de uma hora. Depois de participar do ensaio da tarde, ao lado de outras cantoras da velha guarda, como Aracy de Almeida, Dalva de Oliveira e as irmãs Dilcinha e Linda Batista, o autor de "Coração Materno" teria se sentido mal e morrido pouco depois[233].

Conforme Carlos Calado[234], já se falava em suspensão do programa até que Caetano enfim chegasse para a gravação às 1h15 da madrugada. Com a chegada de Gilberto Gil e de Os Mutantes, seguidos por Nara Leão, Aracy de Almeida e as irmãs Batista, que vieram a se juntar com Tom Zé, Gal Costa, Jorge Ben, Maria Bethânia e o convidado Chacrinha, o elenco estava pronto para começar o show.

> "Está na hora do Tropicalismo! Tropicalismo é discurso! Tropicalismo é o Chacrinha! Tropicalismo é homenagem! Tropicalismo é demagogia!" anunciou o ator Grande Otelo, um mestre de cerimônias sob medida para uma festa tropicalista, sentado no chão com seu jeitão de debochado.
>
> "Tropicalismo é uma questão de bom senso", continuou Gil, dividindo com Otelo, a função de apresentador.
>
> "Tropicalismo é às margens plácidas! É assistir ao Direito de Nascer! Tropicalismo é uma benção dos céus! Está inaugurado o tropicalismo na televisão brasileira!"[235].

Segundo Calado[236], o dia da gravação foi repleto de incidentes. Cantando "Miserere Nobis" (parceria com Capinam que abriria o álbum *Tropicalia ou Panis et Circencis*), Gil ensaiava uma das cenas mais provocativas do programa. Seria uma espécie de paródia da

---

[233] *Ibidem*, p. 210.
[234] CALADO, 1997.
[235] *Ibidem*, p. 211.
[236] *Idem*.

Santa Ceia de Leonardo da Vinci. Gil desempenhava o papel de Cristo, sentado no centro de uma grande mesa, cheia de bananas e abacaxis. Com a visão ofuscada pelos refletores de luz, o músico baiano se assustaria ao ouvir um vozeirão forte, vindo da direção da plateia. Era Vicente Celestino, o convidado especial de Caetano, que esperava sua hora de ensaiar a canção "Mandem Flores para o Brasil". Chocado com o que estava assistindo, o veterano cantor, já próximo a completar 74 anos, teria se levantado com o dedo em riste para dar uma bronca em Gil: "Um Cristo negro eu posso até admitir, mas essa profanação, com bananas na mesa da Santa Ceia, é demais"[237].

Calado então relata que horas depois, quando chegou a notícia de que Vicente Celestino tinha morrido, vítima de um ataque cardíaco, Gil achou que já era o bastante. A morte do cantor soava como um sinal de que estavam indo longe demais com tudo até ali. Angustiado, propôs a suspensão da gravação do programa[238].

Segundo Bakhtin, a dualidade na percepção do mundo e da vida humana já existia no estágio da civilização primitiva. No folclore dos povos primitivos, encontrava-se, paralelamente aos cultos sérios, a existência de cultos cômicos que convertiam as divindades em objetos de burla e blasfêmia; "paralelamente aos mitos sérios, mitos cômicos e injuriosos; paralelamente aos heróis, seus sósias paródicos"[239]. No entanto, em etapas primitivas, dentro de um regime social que não conhecia ainda nem classes nem Estado, os aspectos sérios e cômicos da divindade, do mundo e do homem eram, segundo todos os indícios, igualmente sagrados e igualmente "oficiais".

No entanto, diz o autor, quando se estabelece o regime de classes e de Estado, torna-se impossível outorgar direitos iguais a ambos os aspectos, de modo que as formas cômicas — umas mais cedo, outras mais tarde — adquirem um caráter não oficial.

---

[237] CALADO, 1997, p. 212.

[238] CALADO, 1997.

[239] BAKHTIN, 2013, p. 5.

Mesmo que Bakhtin estivesse se referindo à cultura popular na Idade Média, um de seus aspectos residuais que ainda persistem na sociedade contemporânea é o regime de classes e a existência de hierarquia. O fato de o grupo tropicalista reproduzir em um programa de televisão uma imagem irreverente da Santa Ceia (em país de maioria cristã), já é em si algo bastante deslocado da oficialidade. Além disso, o fato de Gilberto Gil ocupar, nessa representação, o posto de Jesus Cristo e sofrer retaliação pela sua cor de pele amplificaria a potência daquela *blasfêmia*. Talvez outro membro do grupo, de pele mais clara, não sofresse a mesma revelia sofrida por Gil, claramente expressa na fala de Celestino. Essas tensões, além de outras, certamente implicariam alguns impasses entre os artistas e a própria produção do programa.

Nos relatos de Carlos Calado[240], seria inevitável o conflito de opiniões entre os tropicalistas e a direção da Rhodia logo após a gravação do programa no Som de Cristal. Ao saber que Livio Rangan queria editar o especial gravado na gafieira paulista, descaracterizando-o com cenas gravadas no show-desfile da Rhodia, Caetano e Gil acharam que chegara a hora de comprar a briga. Com temporada do *Momento 68*[241] marcada para Buenos Aires, os dois decidiram não embarcar junto ao elenco no voo de 28 de setembro. A essa altura, Zé Celso já tinha rompido de vez com a direção da Rhodia. O programa dos tropicalistas, anunciado sucessivamente pela TV Globo como *Tropicalia ou Panis et Circencis*, depois *Caetano Veloso Especial* e, por fim, *Caetano Veloso Tropicalista*, fora suspenso pela quarta vez. A briga não demoraria a chegar nos jornais, e Guilherme Araújo, empresário dos artistas, ameaçaria processar Livio Rangan por prejuízos morais e rompimento do contrato assinado quatro meses antes.

---

[240] CALADO, 1997.

[241] *Momento 68* foi um espetáculo realizado pela empresa Rhodia no ano de 1968. Evento marcante que aconteceu durante a FENIT (Feira Nacional da Indústria Têxtil) com texto de Milôr Fernandes, direção geral de Ademar Guerra e direção musical de Rogério Duprat. Além dos tropicalistas Caetano e Gil, contou com participação de Valmor Chagas, Raul Cortez, entre outros artistas. Disponível em: https://caetanoendetalle.blogspot.com/2013/10/1968-momento-68-espectaculo-para-la.html. Acesso em 22 set. 2024.

Em matéria publicada naquele mesmo mês de agosto na *Revista InTerValo*, "A prova de fogo", lemos a seguinte passagem:

> Afinal, Tropicália, com banana ou sem ela, não chegou a se formar em uma imagem em branco e preto. Das bananas, nem a casca, só boatos: os patrocinadores não gostaram, os patrocinadores estão segurando o tape para fazer uma grande campanha publicitária. Guilherme Araújo (o empresário de Caetano Veloso e de outros artistas do movimento, achara que o movimento não era o que seus contratados haviam proposto. O que se colhe depois disso tudo é que há um grande desentendimento entre produtores e patrocinadores. E, enquanto se discutem os pontos de atrito, Tropicália vai ficando nas prateleiras por não ter um veículo de divulgação[242].

Nas vésperas de estrear no Festival Internacional da Canção, Caetano escancarou a briga no Última Hora paulista: "Ele pensou que podia nos enganar e ir protelando o programa de TV, adiando sempre, até que nosso contrato acabasse. [...] A Rhodia é uma empresa pré-capitalista extraordinária, mas Livio não acompanha o pensamento da empresa"[243].

Os desentendimentos entre produtores e patrocinadores não tardariam a chegar e, finalmente, o programa reeditado pela TV Globo foi ao ar no dia 27 de setembro com o título "Direito de nascer e morrer do tropicalismo"[244].

---

[242] A PROVA de fogo. *Revista InTerValo*, São Paulo, n. 298, 1968. **Caetano Veloso... en detalle**, 10 set. 2012. Disponível em: http://caetanoendetalle.blogspot.com.br/2012/09/1968-vida-paixao-e--banana-do.html. Acesso em: 15 ago. 2024. p. 36.

[243] CALADO, 1997, p. 215.

[244] De acordo com Christopher Dunn (2009), tratou-se de uma produção mais modesta com membros do elenco original e apresentado por Chacrinha e o ator de comédia Grande Otelo.

2.4 "É Proibido Proibir": a contracultura entra em cena

A partir do conceito de blasfêmia de Bakhtin, posteriormente desenvolvido por Homi Bhabha, pode-se pensar a apresentação dos baianos no FIC de 1968 como um momento de inflexão. De acordo com Christopher Dunn[245], a notoriedade de Gil e Caetano se expressava mais, na época, pelos espetáculos performáticos do que por suas produções musicais. O conceito de *happening* ("acontecimento"), bastante em voga na produção cultural nos EUA da época, foi adotado pelos artistas brasileiros para descrever seus próprios experimentos. Os tropicalistas estiveram entre os primeiros defensores de performances envolvendo uma interação espontânea com a plateia. A provocativa apresentação de "É Proibido Proibir" no Teatro da Universidade Católica (TUCA) de São Paulo seria talvez o primeiro *happening* envolvendo um festival de MPB.

Em um ensaio sobre literatura brasileira durante o regime militar, Silviano Santiago[246] fez uma distinção entre o otimismo que caracterizava grande parte da produção literária e cultural antes do golpe militar e a "alegria" da cultura tropicalista e pós--tropicalista. Para o autor, a ascensão de um regime autoritário amainou o otimismo de anos anteriores, porém não foi substituído pelo pessimismo[247]. Parte da alegria a que Santiago se referia dizia respeito à "irrupção de uma contracultura jovem brasileira, profundamente informada por movimentos semelhantes na Europa e nos Estados Unidos"[248]. Essa irreverência estaria centrada na afirmação individual, na liberação do corpo, na celebração da diferença sexual e racial e no humor iconoclástico em face da autoridade. Enquanto setores da oposição de esquerda optaram pela luta armada, outros adotaram uma política de "não conformidade

---

[245] DUNN, 2009.

[246] SANTIAGO, S. **Caetano Veloso enquanto super-astro**. *In:* SANTIAGO, S. Uma literatura nos trópicos – ensaios sobre dependência cultural. 2. ed. Rio de Janeiro: Rocco, 2000. p. 146-163.

[247] DUNN, 2007.

[248] SANTIAGO, 2000, p. 71.

pacifista" conhecida como "desbunde", o que Christopher Dunn descreveu como "uma sensibilidade aparentada ao *dropping out* no contexto dos Estados Unidos"[249, 250].

A partir da sugestão de seu empresário Guilherme Araújo, Caetano compôs uma música inspirada na frase: "C'est interdit de interdire!", lida por Guilherme em um muro de Paris. A tradução para o português seria o título da música de Veloso — "É proibido Proibir". Apesar de seu conteúdo anárquico, Zuza Homem de Mello considera a música de Caetano bastante alinhada com a temática de protesto[251]. O próprio título sugeria uma denúncia ao autoritarismo vigente da ditadura. Na primeira parte da canção, Caetano faz referência a vários mecanismos de controle social (a família tradicional, instituições) e à sociedade de consumo. A letra da música começa com a imagem de carros em chamas, peça chave do capitalismo fordista e do desenvolvimentismo a partir de Juscelino:

> [...] me dê um beijo meu amor
>
> eles estão nos esperando
>
> os automóveis ardem em chamas
>
> derrubar as prateleiras, as estantes
>
> as estátuas, as vidraças, louças, livros, sim [...][252].

As "relíquias" do lar brasileiro tradicional, ironizadas em músicas tropicalistas anteriores ("Geleia Geral", "Miserere Nobis" e "Panis et Circencis"), são destruídas em gesto carnavalesco e catártico. Valores tradicionais da civilização seriam descartados como as louças da família. Na letra de "É Proibido Proibir" poderíamos

---

[249] DUNN, 2007, p. 51.

[250] No entanto, a luta armada foi uma opção de baixíssima adesão na classe artística. Segundo Marcelo Ridenti os artistas da esquerda constituíram menos de 1% do movimento de guerrilha (RIDENTI, M. **Em busca do povo brasileiro:** artistas da revolução, do CPC à era da TV. São Paulo: Record, 2000).

[251] MELLO, 2003.

[252] É PROIBIDO Proibir. Intérprete: Caetano Veloso. Composição: Caetano Veloso. *In:* **A ARTE DE CAETANO VELOSO**. Rio de Janeiro: PolyGram, 1988. 1 disco vinil, faixa 6 (3m39s).

já identificar a *blasfêmia* bakhtiniana. De acordo com Christopher Dunn[253], as letras tropicalistas, pelo fato de uma maior adesão ao universo pop, passariam com mais facilidade pelas mãos da censura do que as letras de cunho militante. Uma vez que estivessem nos palcos de programas de televisão, os *happenings* seriam a nova estratégia provocativa dos artistas.

Conforme Zuza Homem de Mello[254], Caetano subiu aos palcos, aplaudido por parte significativa do público. Um público pouco afinado com experimentações pop dos tropicalistas aprovaria, de início, a apresentação dos artistas. Porém, no momento em que Os Mutantes, novamente fantasiados, subissem ao palco, esse público mudaria de comportamento, reagindo com as palavras "entreguistas" e "alienados". Conforme o autor, parte da plateia virou de costas em repúdio à banda de rock. Em resposta, a banda viraria de costas para o público[255].

No entanto, a maior reação da plateia se deu quando, ainda durante a apresentação de Caetano, um hippie americano chamado John Dandurand subiu ao palco. Pelo microfone do cantor, passou a pronunciar frases ininteligíveis e berros desconexos. Em resposta, recebeu vaias, tomates e gritos de "bicha!". Caetano saiu do palco escoltado por dois policias, acuado por um público que o aplaudia minutos antes.

No dia seguinte, domingo, 15 de setembro, Caetano voltou ao Tuca para a final paulista do *III FIC*. A primeira grande vaia foi dedicada a Os Mutantes. Arnaldo e Sérgio estavam fantasiados de formandos, e Rita Lee, vestida de noiva. Segundo Zuza Homem de Mello, os estudantes do Tuca, considerados os mais politizados entre os frequentadores dos festivais, não se conformavam que Caetano e Gil não assumissem uma atitude clara de reação ao militarismo e ainda demonstrassem no palco uma certa falta de virilidade que

---

[253] DUNN, 2009.

[254] MELLO, 2003.

[255] Sérgio Dias Baptista, integrante da banda, nega essa afirmação. O ato de virar as costas para o público foi um ato de defesa contra objetos lançados em direção aos músicos (Maccord, 2011).

"não se coadunava com quem fosse contra a ditadura"[256]. A postura máscula de Geraldo Vandré, um dos ídolos dos estudantes do Tuca, era, por exemplo, o oposto. Caetano subiria ao palco com as mesmas vestimentas de plástico e incrementando sua performance com movimentos de quadris simbolizando um ato sexual.

Para Bakhtin[257], a degradação do sublime não tem um caráter formal ou relativo no realismo grotesco. O "alto" e o "baixo" possuem aí um sentido absoluta e rigorosamente topográfico. O alto é o "céu; o "baixo" é a terra; a terra é o princípio de absorção (o túmulo, o ventre) e, ao mesmo tempo, de nascimento e ressurreição (o seio materno). Esse seria o valor topográfico do alto e do baixo no seu aspecto cósmico. No seu aspecto corporal, que não está nunca separado do seu aspecto cósmico, o alto é representado pelo rosto (a cabeça), e o baixo pelos órgãos genitais, o ventre e o traseiro. O realismo grotesco e a paródia medieval baseiam-se nessas significações absolutas.

No bojo desse raciocínio, Bakhtin[258] cita o verbo degradar: significaria "entrar em comunhão com a vida da parte inferior do corpo, a do ventre e dos órgãos genitais, e portanto com atos como o coito, a concepção, a gravidez, o parto, a absorção de alimentos e a satisfação das necessidades naturais"[259]. O que não quer dizer necessariamente um valor destrutivo, pode ser positivo/regenerador e "**ambivalente**, ao mesmo tempo afirmação e negação"[260]. Nesse sentido, poderíamos dizer que a performance de Caetano abriria possibilidade de propostas não figuradas nos padrões de virilidade. Além disso, diminuiria toda a seriedade envolvida nas possibilidades contestatórias de até então.

Às vaias provenientes da plateia sucederiam gritos e xingamentos cada vez mais pesados. Caetano, em lugar de cantar,

---

[256] MELLO, 2003, p. 277.

[257] BAKHTIN, 2013.

[258] *Idem.*

[259] BAKHTIN, 2013, p. 19.

[260] BAKHTIN, 2013, p. 19, grifo do autor.

improvisou um discurso totalmente diferente ao que tinha planejado apresentar:

> Mas é isso que é a juventude que diz que quer tomar o poder?
>
> Vocês têm coragem de aplaudir, este ano, uma música, um tipo de música, que vocês não teriam coragem de aplaudir no ano passado, são a mesma juventude que vai sempre, sempre, matar amanhã o velhote inimigo que morreu ontem! Vocês não estão entendendo nada, nada, nada, absolutamente nada![261].

Em pesquisa citada anteriormente, vimos que 80% dos que a responderam não aprovavam as vaias no *FIC* de 1968[262]. Mesmo que saísse do *FIC* ao coro de vaias no teatro Tuca em São Paulo, essa pesquisa demonstra que a recepção do público dos teatros era bastante diferente da resposta do público de televisão.

Em seu artigo "Caetano enquanto superastro", Silviano Santiago[263] diz que no momento tropicalista Caetano já se preocupava em levar o palco para a vida cotidiana e o cotidiano para o palco. Quando Bakhtin[264] afirma que as festividades populares, em especial o carnaval, estavam na fronteira entre a encenação (a representação) e a vida cotidiana (oficial), pode-se verificar que essa mesma característica estava presente na postura dos artistas, em especial Caetano. Conforme Santiago, o artista se mostrava preocupado com um novo tipo de personalidade que precisava criar para enfrentar a televisão. Tinha se dado conta de que o talento musical não era suficiente. Teria, a partir de então, um público "bem mais vasto e exigente" que aquele presente na

---

[261] O discurso na íntegra pode ser lido no link da referência: É PROIBIDO Proibir – Caetano Veloso. **Tropicália**, Identifisignificados, [20--]. Disponível em: http://tropicalia.com.br/identifisignificados/e-proibido-proibir/discurso-de-caetano. Acesso em: 15 ago. 2024. s/p.

[262] DUNN, 2009.

[263] SANTIAGO, 2000.

[264] BAKHTIN, 2013.

plateia dos teatros. Levando então "para a praça do palco e para o palco da praça o próprio corpo", Caetano daria, nas palavras de Santiago, o primeiro passo como "superastro por excelência das artes brasileiras"[265].

Nesse festival, Gilberto Gil adotaria repertórios internacionalistas da negritude, inclusive o figurino. Vestia uma túnica parecida com um *dashiki* da África Ocidental, que começou a usar mais tarde como figurino para palco no final de 1968. Em uma entrevista para o *Jornal da Tarde*, Gil destacou a importância e o significado da roupa em sua performance artística:

> A roupa é a minha nudez. Como não posso andar nu, como qualquer pessoa gostaria, então apresento a minha nudez disfarçada. E estou certo se tento ser bonito na minha negritude, em mim a roupa não cai como uma abstração: ela se modifica no meu corpo, porque eu assim quero... No palco, a minha roupa faz parte do espetáculo. Isso é importante: espetáculo. É a contradição: **nesse festival, muitos aceitaram a música, mas vaiaram a roupa.** Por quê? Eu não quero ser aferido pelas minhas letras, minha música, muito menos pelas minhas roupas. O arranjo é como a roupa, a apresentação é uma parte integrante do espetáculo, o espetáculo é o espetáculo[266].

Silviano Santiago atribui a Guilherme Araújo parte da responsabilidade criativa na construção da imagem pública dos tropicalistas e da própria roupa. Questionado a respeito de sua influência no comportamento cênico dos baianos em entrevista para a revista *Rolling Stone*, n. 13, Guilherme Araújo responde:

> "Foi tudo muito simples. Passei numa loja e comprei [cafetãs] para eles. Era uma maneira das pessoas comentarem e Caetano logo se sentiu muito

---

[265] SANTIAGO, 2000, p. 158.

[266] DUNN, 2009, p. 156-157, grifos nossos.

bem com o novo traje." Acrescenta ele mais abaixo: "Na época da revolução de maio na França [...] eu disse a ele [Caetano] que ele devia fazer uma frase com a música É Proibido Proibir[267].

Guilherme Araújo, no início da carreira de Caetano e Gil, "procurava para as colunas sociais, colocar [retratos com] roupas que pudessem ser descritas"[268]. Com esse último truque, o superastro sairia do espaço reservado às colunas consideradas artísticas e entraria no espaço realista das colunas sociais, que comentariam sem discriminação nenhuma tanto o espetáculo da vida diária quanto a do palco.

Segundo Silviano Santiago, Caetano salienta que suas primeiras experiências na TV teriam funcionado bem porque havia dois detalhes quase circenses em sua personalidade que atraíam o público: a facilidade que tinha para decorar letras de música e seu "aspecto plástico – minha magreza e meu cabelo que tinham finalmente recebido a independência do pente e da tesoura"[269]. De acordo com suas palavras, a primeira participação da plateia no número de Caetano não está ligada à sua função de cantor, ou seja, manifestação de agrado ou desagrado com a música que interpretava, mas é antes em relação a seu corpo, à sua plástica: "para mim jogavam pentes aos montes"[270], confessa ele a Décio Bar. Um exemplo interessante pode ser identificado em comentário feito por Stanilaw Ponte Prèta na edição de 23 de dezembro de 1967 da revista *O Cruzeiro*:

> Caetano Veloso de tanto andar despenteado na televisão, está merecendo críticas dos telespectadores. Seu empresário – o popular Guilherme Araújo – já tomou as providências necessárias. Vai mandar seguir para São Paulo um cabelereiro cheio de bobs e outras bossas para que o Marcha da Fome

---

[267] SANTIAGO, 2000, p. 151.

[268] *Idem.*

[269] VELOSO *apud* SANTIAGO, 2000, p. 159.

[270] *Idem.*

não seja mais chamado de "Boneca Cacheada".
Essa família vai mal![271]

Segundo Caldado[272], Guilherme Araújo pouco tinha a ver com outros profissionais do mercado musical daquela época. Na verdade, tinha mais as características de um produtor: dava palpites no repertório, no roteiro dos shows, ou até mesmo no visual de seus artistas. Muito antes do termo assessor de marketing existir, Guilherme já desempenhava essa função, acompanhando as aparições de seus artistas nos meios de comunicação e divulgando pessoalmente as novidades de seus contratados entre os jornalistas especializados. Antes mesmo de empresariar os baianos, Guilherme já apresentava intimidade suficiente com a tecnologia televisão. Trabalhou como assistente de direção no Canal 6, a TV Tupi carioca, passando, um ano depois, a produzir e dirigir programas musicais na mesma emissora. Posteriormente, passou a integrar a área de promoções da gravadora Elenco, convivendo com artistas como Nara Leão, Edu Lobo e Roberto Menescal. Conforme Caldado[273], Guilherme já teria encontrado o *showbiz* como nicho àquela altura: produzir e lançar cantores e compositores de preferência jovens. Quando, por fim, aproximou-se de Bethânia e do grupo baiano, Guilherme passa a exercer o papel de empresário-produtor.

A fim de contextualizar o momento político da inflexão tropicalista, viu-se que a contracultura (tal como apresentada nos países desenvolvidos) chegou ao Brasil por meio da mídia de massa, como jornal, rádio e televisão. O público de TV, ainda restrito, acessava essa informação no formato audiovisual. Assim, novas propostas envolvendo o corpo, a relação homem-mulher, sexualidades policiadas, o consumo de drogas e a questão racial passariam, de uma forma, a ser lidas por parte da população brasileira. Nos Estados Unidos, esses movimentos respondiam a

---

[271] PONTE PRETA, S.. Coluna do Stanislaw Ponte Preta. **O Cruzeiro**, Rio de Janeiro, ano 1967, n. 0065, p. 32, 23 dez. 1967. Disponível em: http://memoria.bn.gov.br/DocReader/003581/166061. Acesso em: 6 set. 2024.

[272] CALADO, 1997.

[273] *Idem.*

demandas de uma sociedade tecnocrática, inclusive obrigações militaristas envolvendo a Guerra do Vietnã. Como estratégia de luta, podia ser vista também como um contraponto a tradições militantes de esquerda afinadas com um marxismo ortodoxo, que secundarizava qualquer pauta que não fosse a de classe: sexualidade e questões envolvendo afeto, por exemplo. A respeito de engajamento político, Caetano diz ter tido sempre "um pouco de grilo com o desprezo que se votava a coisas como o sexo, religião, raça, relação homem-mulher..."[274]. Questionado por Carlos Alberto Messeder Pereira e Heloísa Buarque de Hollanda se tais pautas eram questões menores, responde:

> [...] não eram só menores não, elas eram inexistentes e até nocivas. Tudo era considerado alienado, pequeno-burguês, embora todo mundo na universidade fosse na verdade pequeno burguês. Quer dizer, sexo não dava, religião não dava, tudo não dava. Eu sentia que as questões que, para mim, pareciam muito importantes nunca podiam ser consideradas; e eu era considerado sonhador, artista... eu tinha uma colega que fazia política e me dizia: 'você não quer nada, você é vadio, irresponsável, não tem futuro...' e eu ficava preocupado por outras razões, como é que era a transação de sexo, se as meninas iam dar, se não iam dar, se você pode ou não ter uma relação aberta com uma mulher, se a mulher pode transar com outros homens, se pode namorar homem com homem...[275].

Um exemplo de sobreposição de "regras" da organização política sobre a vida pessoal estaria também em depoimento de Fernando Gabeira no livro *O que é isso companheiro?*. Durante seu exílio em Cuba, namorava uma mulher de sua mesma organização chamada Márcia. Quando a saída da ilha era um tema a ser

---

[274] BUARQUE DE HOLLANDA, H.; PEREIRA, C. A. **Patrulhas ideológicas**. São Paulo: Brasiliense, 1980. p. 108.

[275] BUARQUE DE HOLLANDA; PEREIRA, 1980.

decidido coletivamente, Gabeira e sua companheira manifestavam não querer se separar.

> Dentro do grupo, havia uma pessoa que gostava de Márcia e, sistematicamente, fazia propostas que implicavam nossa separação. Mas eram propostas trabalhadas com cuidado, de maneira que não podiam ser desmontadas com facilidade. Nosso coletivo, num certo momento, foi de seis pessoas. Márcia e eu éramos dois votos, mas precisávamos conquistar mais um para escaparmos à separação. O curioso é que as categorias psicológicas não tinham o mínimo sentido no grupo, pois elas não admitiam seriamente a existência de algo como o ciúme, por exemplo. Era impossível dizer, por exemplo: esta pessoa foi abandonada por Márcia e está buscando uma retaliação. Se fizéssemos isso, perderíamos os votos e, consequentemente, estaríamos forçados a nos separar. Era preciso argumentar dentro da lógica interna de cada proposta, discorrer longamente sobre as vantagens da ida de um outro companheiro, acentuar suas qualidades, para defender nosso amor ameaçado[276].

Jorge Mautner, intelectual próximo aos tropicalistas e afinado com o marxismo, apresenta um testemunho de tensionamentos políticos dentro das esquerdas ao longo dos anos 1960. A partir de seu depoimento, percebe-se que um necessário cruzamento entre questões de identidade ligadas à raça e à sexualidade e a projetos políticos de socialização material não foi algo efetivo, pelo contrário:

> Nos EUA, tive vivência com Black Panthers, com SDS[277]... Assisti, por exemplo, como marxista, os pretos odiando Marx como uma figura exploradora. Foi um choque. Eu não podia acreditar mas era verdade. Eu vi a decepção deles depois que foram

---

[276] GABEIRA *apud* DELMANTO, J. **Camaradas caretas**: drogas e esquerda no Brasil. São Paulo: Alameda, 2015. p. 138.

[277] Students for a Democratic Society (SDS).

para Cuba e assistiram as maiores cenas de racismo. Em seguida, o Ginsberg que adorava a revolução cubana, chegou lá e foi mandado embora, porque era homossexual. Em seguida, os homossexuais foram presos... Então, eu vi o encanto e desencanto dessas coisas todas, tanto no plano da revolução sexual, quanto no da própria negritude. Os Black Panthers quase todos voltaram para os EUA – que foram para Cuba, União Soviética, Argélia. A desilusão foi tamanha que um voltou pastor protestante, outros completamente integrados à política social democrática americana... Agora, depois em Londres, encontrei Caetano e Gil. E muitos desses papos que estamos tento aqui, tivemos lá e tinha tudo a ver. Era misturado, como sempre: filosofia, ginástica, religião e política... Quando voltei, trouxe o filme Demiurgo e começou a aumentar a importância da política nessa transação toda. Uma importância deliberada e consciente, e também imposta pela História. A partir daí, a história fica mais conhecida...[278].

Em estudo a respeito da obra de Hélio Oiticica, Gonzalo Aguilar[279] refere-se a uma série de discussões sobre a organicidade de grupos políticos (partidários, sindicatos e de outra ordem) que afetaria uma ordem social e uma "situação dicotômica" apresentada por Roger Stèphane em seu livro *Retrato do Aventureiro*. O prefácio escrito por Jean-Paul Sartre teria um alcance que só seria percebido em até bem avançados anos 1970. Para o filósofo, enquanto o militante atuaria segundo a razão constituída do partido, o aventureiro imporia sua própria razão constituinte. Nas posições antagônicas dispostas na cultura, o militante estaria mais próximo do marxista e do comunista, enquanto o aventureiro teria um viés mais anarquista.

O antagonismo, de todo modo, não impediria reapropriações. Segundo Aguilar[280], José Celso Martinez Corrêa fez uma "leitura

---

[278] DELMANTO, 2015, p. 127.
[279] AGUILAR, 2016.
[280] *Idem.*

aventureira" de uma das peças da etapa mais militante de Oswald, *O Rei da Vela*, de 1937. Assim, devolveria o gesto antropofágico a uma obra que havia sido composta segundo outros princípios. Em concordância com essa leitura interpretativa de Aguilar, pode-se dizer que nos artistas ligados ao tropicalismo, havia um componente "artista-aventureiro" que explicaria muito de seus rumos: no anarquismo consequente e programático de José Celso Martinez Correa, Glauber Rocha "e seu amor pelas contradições e o caos"[281], Caetano Veloso e seu discurso "É Proibido Proibir", Hélio Oiticica e sua reivindicação da lumpesinagem e marginalidade.

2.5 "Tudo é perigoso, tudo é divino, maravilhoso": um programa tropicalista na TV

Na segunda-feira do dia 23 de outubro de 1968, estreia na TV Tupi de São Paulo *Divino, Maravilhoso*, um programa de televisão dos próprios tropicalistas produzido por Fernando Faro e Antonio Abujamra. A emissora havia contratado Caetano, Gil, Gal Costa, Tom Zé, Os Mutantes e Jorge Ben. Para Christopher Dunn, o programa era o experimento até então mais radical e também sinalizava um distanciamento em relação à obra tropicalista anterior. Trazia músicos convidados da era pré-bossa nova, como Luiz Gonzaga, o "rei do baião", e o cantor de rádio Sílvio Caldas, que apresentou seu antigo sucesso "Chão de estrelas". A TV Tupi tomaria todas as precauções para evitar problemas com os censores. O programa era gravado em fita e depois editado antes de ser levado ao ar. Diferentemente dos outros shows televisionados de música da época, este seria completamente aberto à invenção espontânea[282].

Na primeira segunda-feira do programa, Caetano Veloso subiu ao palco vestindo terno e gravata com os cabelos penteados

---

[281] *Ibidem*, p. 71.
[282] DUNN, 2009.

para trás. Conforme reportagem da *Folha de São Paulo* publicada em outubro de 1968:

> No começo aparece Caetano, de blusa militar aberta sobre o torso nu e o cabelo penteado. Senta-se num banquinho, em estilo ioga, e começa a cantar Saudosismo, sua nova música, toda nos moldes das bossa nova original, bem Tom Jobim, bem João Gilberto. Mas a música é para proclamar um Chega de Saudade e Caetano assanhar o cabelo e Os Mutantes entrarem em cena e começarem todos freneticamente, amalucadamente, a fazerem o "som livre". No auge da improvisação, com guitarras, gritos e movimentos de quadris, Caetano diz que vieram mostrar o que estão fazendo e como estão fazendo. E o programa daí para o fim é o mau comportamento total, caótico nos sons e gestos, alucinação[283].

Além de "Saudosismo", sua paródia afetuosa da bossa nova, Caetano citou clássicos como "A felicidade", "Lobo bobo", "Desafinado" e "Chega de saudade". Conforme Dunn[284], o artista fazia referência ao otimismo nacional como característica quase inerente à bossa nova. Falava desse estilo como um alegre carnaval para a nação, que teria chegado ao fim com o golpe de 1964, marcando o início de uma prolongada "Quarta-feira de Cinzas":

> [...] eu você depois
>
> quarta-feira de cinzas no país
>
> e as notas dissonantes
>
> se integraram ao som dos imbecis [...][285].

---

[283] BAIANOS na tv: "divino, maravilhoso". *Folha de São Paulo*, 30 out. 1968. **Tropicália**, Eubioticamente atraídos – Reportagens Históricas, [20--]. Disponível em: http://tropicalia.com.br/eubioticamente-atraidos/reportagens-historicas/baianos-na-tv-divino-maravilhoso. Acesso em: 15 ago. 2024. s/p.

[284] DUNN, 2009.

[285] SAUDOSISMO. Intérprete: Caetano Veloso. Composição: Caetano Veloso. *In*: **CAETANO VELOSO**. Rio de Janeiro: Universal Music, 1969. 1 disco vinil, faixa 11 (2m25s).

Ao final da música, Caetano anuncia ao público: "Vamos mostrar o trabalho que temos feito. Uma tentativa de conseguir o som livre no Brasil"[286]. Na interpretação de Gal Costa para "Saudosismo", a exortação final da cantora seria repetida várias vezes ao som de uma guitarra elétrica e num arranjo que negaria a estética da bossa nova. Dunn[287] então diria que, para os tropicalistas, a única forma de seguir as inovações radicais da bossa nova era criar uma estética diametralmente oposta.

De acordo com Carlos Calado[288], todos os números eram longos e recheados de improvisos. Na penúltima canção do show, a anarquia reinaria absoluta. Gil cantou "Batmacumba" rindo, dançando e rodopiando no palco. Caetano se atirou no chão e plantou bananeira. "Ainda deitado, enquanto as guitarras dos Mutantes gemiam no mais alto volume, cantou 'É proibido proibir", encerrando o programa de TV mais anárquico que a TV brasileira já exibira até aquele dia"[289]. Calado relata que nos bastidores os técnicos da emissora estavam perplexos. Não entendiam como a censura do Departamento da Polícia Federal não cortara nada "daquelas loucuras" depois de assistir ao ensaio.

O elenco e os cenários eram modificados a cada semana para ambientar novos *happenings*. Num deles, Caetano criou uma enorme jaula ocupando quase todo o palco. Dentro das grades, construídas com madeira, o elenco do programa representou "uma espécie de banquete de mendigos, ou melhor, de *hippies*"[290]. O *gran finale* da noite teria sido por conta de Caetano. Quebrou as grades da jaula cantando "Um leão está solto nas ruas", o sucesso de Roberto Carlos[291].

Em outro programa, retomou a cena que teria provocado a ira de Vicente Celestino em *Vida, paixão e banana do tropicalismo*. No mesmo papel de Jesus Cristo, ele e seus apóstolos surgiam sentados

---

[286] DUNN, 2009, p. 171.

[287] DUNN, 2009.

[288] CALADO, 1997.

[289] CALADO, 1997, p. 235.

[290] *Idem.*

[291] CALADO, 1997.

TROPICÁLIA EM TELA

a uma grande mesa, repleta de bananas, abacaxis, melancias e um pedaço de bacalhau. Ao estilo de Chacrinha, esses objetos eram atirados à plateia[292]. Carlos Calado nos diz que desde a primeira edição do programa a emissora recebia "cartas iradas" de "conservadores pais de família" e prefeitos interioranos. Protestavam contra as "agressões" do programa.

Em um dos episódios finais do programa, os tropicalistas encenavam um "funeral" televisionado, no qual solenemente enterrariam o movimento. Mostravam cartazes com os dizeres: "aqui jaz o tropicalismo". Para os artistas, a Tropicália se esgotava como projeto musical coletivo. No último programa, Caetano cantou o samba de Natal "Boas Festas", de Assis Valente, apontando um revólver para a cabeça. O público de televisão, em sua maioria do interior de São Paulo, começara a escrever cartas de protesto à TV Tupi e o show foi cancelado[293].

Na manhã de 27 de setembro de 1968, Caetano Veloso e Gilberto Gil foram presos pela polícia militar em seus apartamentos em São Paulo. Christopher Dunn[294] cita algumas explicações possíveis para a ação das autoridades. Os tropicalistas tiveram problemas com o regime militar à medida que sua crítica irreverente à ordem oficial e ao bom gosto foi se tornando mais evidente. Frisa o fato de terem feito isso na televisão, e não apenas em teatros e clubes. A projeção por meio dessa mídia parecia particularmente perigosa a um regime que usava os veículos de comunicação de massa para projetar sua própria "visão harmoniosa de Brasil".

Em seu livro autobiográfico *Verdade Tropical*, Caetano Veloso descreve uma sessão de interrogatório realizada enquanto estava na prisão. Um oficial militar alegava que a música tropicalista era mais subversiva do que a de protesto, pois procurava desestruturar a sociedade brasileira[295]. As apresentações irreverentes dos tropi-

---

[292] *Idem.*
[293] DUNN, 2009.
[294] *Idem.*
[295] VELOSO, 1997, p. 401.

calistas alarmaram as autoridades militares, mesmo que a crítica dos artistas em relação ao Brasil moderno nas letras de música tenha passado despercebida[296].

---

[296] DUNN, 2009.

CAPÍTULO 3

ENTRANDO E SAINDO DAS ESTRUTURAS

Divino, Maravilhoso pode ser apontado como o maior exemplo de *brecha* explorada pelos tropicalistas na televisão. A presença de um programa de vanguarda em horário nobre em contexto de ditadura e censura de Estado soa, a princípio, um tanto curioso. A respeito disso, a teoria da hegemonia de Gramsci permite a reflexão sobre o lugar crucial da mídia na condição privilegiada de distribuição de conteúdo[297], mas, também, nela identificar brechas e possibilidades em relação à arte crítica, ainda que excepcionais.

Valendo-se de teoria do filósofo sardo, Dênis de Moraes[298] explica que os meios de comunicação elaboram e divulgam equivalentes simbólicos de uma formação social já constituída e possuidora de significado relativamente autônomo. Em outras palavras, diria que o discurso midiático busca na essência interpretar os fatos por intermédio de signos fixos e constantes, que tentam proteger de contradições aquilo que está dado e aparece como representação do real. Desse modo, assume a função de ideologia que, nos termos de Marilena Chauí, seria "um imaginário e uma lógica de identificação social com a função precisa de escamotear o conflito, dissimular a dominação e ocultar a presença do particular, enquanto particular, dando-lhe aparência de universal"[299].

---

[297] MORAES, D. Imaginário social, hegemonia cultural e comunicação. *In:* MORAES, D. **A batalha da mídia** – governos progressistas e políticas de comunicação na América Latina e outros ensaios. Rio de Janeiro: Pão e Rosas, 2009. p. 28-56.

[298] MOARES, 2009.

[299] CHAUÍ *apud* MORAES, 2009, p. 45.

Virgínia Fontes, igualmente, diria que refletir sobre hegemonia e contra-hegemonia pressuporia analisar os modos de convencimento, de formação e de pedagogia, de comunicação e de difusão de visões de mundo: "as formas peculiares de sociabilidade, as maneiras de ser coletivas e as clivagens"[300]. Portanto, essa difusão de valores e padrões de comportamento teria a ver, segundo Dênis de Moraes, com um dos reconhecimentos decisivos do pensamento crítico atual:

> É no domínio da comunicação que se esculpem os contornos ideológicos da ordem hegemônica e se procura ao mínimo o espaço de circulação de ideias alternativas e contestadoras – por mais que estas continuem se manifestando e resistindo. A meta precípua é esvaziar análises críticas e expressões de dissenso, evitando atritos entre as interpretações dos fatos e seu entendimento por parte de indivíduos, grupos e classes[301].

No caso específico deste estudo, apostei na hipótese de um momento bastante particular na história da televisão brasileira. Mesmo que *Divino, maravilhoso* não terminasse conforme programado, sendo interrompido pela prisão de Caetano e Gil, trago o exemplo do programa como forte expressão de dissenso. Se assim não o fosse, dificilmente as figuras tropicalistas com maior exposição midiática teriam sido encarceradas pelo Estado.

Para refletir sobre a televisão, tanto no passado quanto nos dias de hoje, Dênis de Moraes alerta contra a concepção dessa mídia como um todo harmonioso e homogêneo. Em seus termos, as mídias seriam atravessadas por "sentidos e contrassentidos, imposições e refugos, aberturas e obstruções"[302]. Seria um campo permeado por contradições, oscilações de gostos, preferências e expectativas.

---

[300] FONTES *apud* MOARES, 2009, p. 45.

[301] MORAES, 2009, p. 47.

[302] MORAES, 2009, p. 47.

No capítulo anterior, foram tecidos comentários a respeito de desentendimentos envolvendo Guilherme Araújo, empresário dos baianos, e Livio Rangan, gerente de publicidade da Rhodia. Conforme contrato assinado entre as partes, as presenças de Caetano Veloso e Gilberto Gil seriam obrigatórias num espetáculo institucional denominado *Momento 68* — enquanto isso, *Vida, paixão e banana do tropicalismo* era sucessivamente adiado. Segundo Carlos Calado, os baianos não imaginavam entrar "numa fria" ao assinar o contrato. *Momento 68* tinha textos de Millôr Fernandes e direção musical entregue a Rogério Duprat. O espetáculo era dividido em 20 quadros. "Pop Art", "A Volta do Gangster", "A Vamp dos Anos 30", "Juventude pra Frente", "Sex Strip", "Bahia-ia-iá" ou "Tropicália" estariam entre os que chamavam mais atenção. Com eles, Millôr tentou compor uma colagem que pretendia retratar fenômenos culturais e sociais da época[303].

Conforme Calado[304], vale aqui mencionar que a experiência do desfile se revelou uma grande frustração para Gil e Caetano — os textos do espetáculo eram marcados por um ponto de vista conservador. Entre outras cenas incômodas, os artistas se viram representando até mesmo o papel de tropicalistas de forma caricatural, uma paródia de si mesmos. A desistência do espetáculo implicou a suspensão do patrocínio do programa de TV pela Rhodia. Nesse impasse, viu-se um desfecho não consensual do "entrechoque de concepções" nas estruturas de mídia a que Dênis de Moraes se refere. A contrapartida publicitária que viabilizaria *Vida, paixão e banana do tropicalismo* demonstrou-se, aos olhos dos artistas, uma enorme deformação de suas propostas estéticas, extrapolando os limites das possíveis negociações.

Zé Celso Martinez Corrêa, que dirigiria o texto de Torquato Neto na TV, informa que a intenção do grupo era fazer três programas. Para além de *Vida paixão e banana do tropicalismo*, fariam o programa *Poder jovem* e *Utopia, sonho, paraíso: Bahia*. Em *Poder*

---

[303] CALADO, 1997.
[304] *Idem.*

jovem, por exemplo, o plano era entrevistar o filósofo Herbert Marcuse e o ativista francês Daniel Cohn Bendit. No entanto, se o primeiro programa não ocorrera em sua forma original, os dois últimos jamais aconteceram. Naquele momento, Zé Celso falava em ganhar a mídia, fazer a antropofagia dela.

> A antropofagia é a grande luz da revolução brasileira em todos os sentidos. Inclusive no sentido político, no sentido de poder. Como ela é uma revolução, ela depende de uma postura que é a arte que traz, porque na arte que se pode fazer. Mas ela é uma coisa que se o Brasil sair dessa estagnação, se o Brasil for para uma revolução é pela antropofagia. Como diria Oswald de Andrade em seu Manifesto Antropofágico: 'só a antropofagia nos une socialmente, economicamente e filosoficamente'[305].

Vê-se, no entanto, que no campo midiático essa antropofagia "radical" encontraria limites. Segundo Gramsci, a conservação da hegemonia "pressupõe indubitavelmente que sejam levados em conta os interesses e as tendências dos grupos sociais sobre os quais a hegemonia será exercida, que se forme um certo equilíbrio de ordem econômico-corporativa"[306]. Ao mesmo tempo, admitia haver limites para as concessões, de modo a não afetar os pilares da dominação. Assim, seria também indubitável que "tais sacrifícios e tal compromisso" não podiam envolver o essencial. Segundo Moraes, se a hegemonia é ético-política, não pode deixar de ser também econômica: "não pode deixar de ter seu fundamento na função decisiva que o grupo dirigente exerce no núcleo decisivo da atividade econômica"[307].

Entretanto, na ocasião do seu discurso em resposta à plateia do *III FIC*, Caetano Veloso se refere à exploração de brechas (políticas) na mídia de massa "nós, eu e ele, tivemos a coragem de entrar

---

[305] MACCORD, 2011, p. 209.

[306] GRAMSCI *apud* MORAES, 2009, p. 47.

[307] MORAES, 2009, p. 45.

em todas as estruturas e sair de todas"[308]. Tal postura equivaleria à visão de Oduvaldo Vianna Filho sobre seu trabalho no interior de uma corporação de mídia como a TV Globo. Segundo Moraes, o dramaturgo tinha uma frase na ponta da língua para contra-a-tacar "mentes apocalípticas" que interditavam a possibilidade de pessoas com pensamento crítico atuarem em veículos de massa, explorando vácuos e lacunas na própria mídia: "recusar a televisão em pleno século XX é burrice"[309]. Na visão do dramaturgo, a atuação consequente do intelectual na televisão dependeria de sua capacidade de explorar as contradições internas do veículo:

> Eu acho é que é nessas fissuras, nesses rachas, nessas incongruências que o intelectual deve atuar e desenvolver seu trabalho. É claro que o intelectual, diante do sistema de poder, não tem o que dizer, porque a Censura não vai deixar, não vai permitir. Mas, diante desses milhares de problemas, que, inclusive partem da própria insatisfação com que o Brasil hoje se olha a si mesmo, com que os subdesenvolvidos se olham a si mesmos, eu acho que existe aí um campo enorme de trabalho e de possibilidade. E a televisão se inclui nisso[310].

"Fissuras", "rachas" e "incongruências" da televisão — de que os tropicalistas puderam usufruir — explicam-se, em parte, pela estrutura tecnológica e empresarial do próprio meio naquele tempo. No início da década de 1970, a tecnologia da televisão mudaria bastante de figura e, consequentemente, o modo de se fazer televisão também.

O dia 29 de julho de 1969 foi uma data importante tanto na história da televisão quanto na carreira de Gil e Caetano. A noite em que Neil Armstrong pisou pela primeira vez na Lua inaugurou a transmissão *Via Embratel* para todo o país. No mesmo dia, os

---

[308] VELOSO, C. É proibido proibir. Discurso. Disponível em: http://tropicalia.com.br/identifisignificados/e-proibido-proibir/discurso-de-caetano. Acesso em: 7 set. 2024.

[309] VIANINHA *apud* MORAES, 2009, p. 49.

[310] *Idem.*

dois artistas baianos realizaram o show de despedida *Barra 69*, em Salvador, antes de partirem para o exílio. Efetivamente, a experiência da instantaneidade da imagem seria compartilhada pela primeira vez em junho de 1970. A vitória do Brasil sobre o México na Copa do Mundo daquele ano foi transmitida diretamente por satélite. Segundo Elizabeth Carvalho, não podia se ter, até então, notícia de nenhuma grande conquista da humanidade capaz de promover uma mobilização como a daquele momento, quando as então 63 emissoras nacionais exibiam para milhões de rostos "tensos e delirantes" um quarto e definitivo gol do Brasil contra a seleção da Itália. Assim, a integração nacional pelo vídeo estava nascendo junto com a década, via futebol[311].

Para Carvalho[312], a transmissão da Copa de 70 foi um marco na história da televisão brasileira, a consolidação do uso do satélite, que de fato permitiria a penetração da televisão no país: se em 1970 ela estava presente em cerca de 4 milhões de domicílios, representando quase 25 milhões de habitantes (telespectadores potenciais), em 1980 ela se aproxima dos 16 milhões, isto é, quase 70% dos lares brasileiros. A transmissão da Copa marcaria também o início da era da grande expansão das emissoras pelo território nacional — de 1970 a 1977, o Estado forneceu infraestrutura a 50 novas estações, levando à consolidação do veículo como mídia por excelência para a publicidade, que nela concentraria quase 70% de seus investimentos. A partir de 1970, a indústria de propaganda despontaria no Brasil, formalizando o ingresso do governo e das empresas paraestatais no quadro dos grandes anunciantes, criando uma nova fórmula para o negócio publicitário — os consórcios. A penetração da TV unificaria um imenso mercado, por onde se infiltraria uma agressiva e ininterrupta invasão de bens de consumo.

Já nos fins da década de 1960, o grande esforço de integração nacional pelo vídeo promovido pelo Estado encontrou a noiva ideal. Com uma mentalidade empresarial avançada, que revolucionava

---

[311] CARVALHO, E. O modelo econômico: uma só nação, um mercado consumidor. *In:* NOVAES, A. (org.). **Anos 70:** ainda sob tempestade. Rio de Janeiro: Aeroplano; Editora Senac Rio, 2005. p. 457-461.
[312] CARVALHO, 2005.

os veículos de telecomunicações do país, a nova Rede Globo de Televisão tornou-se porta-voz do moderno modelo econômico brasileiro[313]. No contexto do tropicalismo, a emissora ainda era fraca, pouco rentável, de baixa audiência. O quadro de 1967–1968 mostrava-se de tal forma deficitário que o grupo Time-Life facilitaria a compra do canal de televisão pelo grupo Globo. A partir de 1969, o pujante crescimento da emissora acompanharia o *boom* de telecomunicações no país[314].

A Globo cresceu, então, sob a influência marcante do grupo norte-americano, que criou um modelo empresarial usando e incentivando talentos "nativos", adequando um modelo multinacional à realidade brasileira. Esse padrão contaria com um poderoso tripé, diretamente associado ao sucesso da emissora — Walter Clark, seu diretor-geral até 1977; o superintendente de programação, José Bonifácio de Oliveira Sobrinho; e Joe Wallach, uma espécie de "gerente-geral" que a Time-Life forneceu à Globo. Wallach se naturalizou brasileiro, incorporando-se definitivamente aos quadros administrativos da emissora[315].

Modelo empresarial à parte, ressalta Carvalho, a Globo valeu--se ainda do interesse do sistema autoritário vigente numa penetração capilar da televisão na sociedade brasileira nos moldes em que foi concebida. Uma vez centralizada a emissão de conteúdo, era mais fácil controlar. A Globo também cresceria naquele momento pelo fato de o capitalismo nacional e multinacional necessitarem de

---

[313] CARVALHO, 2005.

[314] Segundo Carvalho (2005), a trajetória da TV Globo começou em 1962, quando a emissora firmou secretamente um contrato com o grupo americano Time-Life. Esse acordo previa uma "sociedade em cota de participação" e assegurava aos diretores estrangeiros cerca de 30% dos lucros líquidos anuais da operação. Quatro anos mais tarde, a Comissão Parlamentar de Inquérito (CPI) que investigava as relações entre Globo e Time-Life trouxe o acordo a público. Ministros influentes, como Carlos Medeiros e Silva (Justiça) e Luiz Gonzaga Nascimento e Silva (Trabalho), estiveram envolvidos nas negociações. A CPI concluiu que os acordos violavam a Constituição, pois a interferência de um grupo estrangeiro na direção de uma empresa de comunicação era considerada prejudicial aos interesses nacionais. Contudo, o inquérito foi arquivado em 1967 pelo governo do general Arthur da Costa e Silva, que considerou as acusações infundadas. Pressões políticas levaram à reabertura do inquérito pouco tempo depois, resultando na nacionalização da emissora em 1969.

[315] CARVALHO, 2005.

um canal de abrangente eficácia para veicular sua mensagem. Para as agências de publicidade, já não eram mais suficientes a mídia impressa e o alcance restrito da mídia eletrônica de até então. As agências precisavam de mais eficiência e garantias de audiência. Fátima Jordão, diretora de planejamento da Lintas do Brasil, realça o fato de que, até o início da década de 1970, a Globo teve um nível de demanda comercial muito maior do que sua capacidade horária:

> Até bem pouco tempo atrás, a Globo operava com uma seletividade muito grande de anunciantes, ou seja, era possível sentir a propaganda brasileira de décadas diferentes apenas mudando o canal do televisor. Na Globo, a década de 70, os anúncios maravilhosos, a propaganda americana transposta com toda a perfeição. Na Tupi, a década de 60, e nas demais emissoras a propaganda estática, pobre, própria da década de 50. Houve um momento em que a propaganda chegou a ser melhor que a própria televisão brasileira. Quer dizer, o ideal estético da propaganda chegou a se constituir num modelo[316].

Partindo dessa comparação técnica e estrutural entre a TV Globo e a TV Tupi dos inícios da década de 1970, pode-se ter em mente aquilo que Adorno e Horkheimer[317] se refeririam como padronização e estandardização da indústria cultural. À medida que se via um aumento absoluto de demanda comercial pela mídia televisiva — tanto a partir do mercado consumidor quanto a partir das agências publicitárias —, identifica-se um novo padrão internacional e de ponta, com estruturação consolidada e, consequentemente, com menos "brechas" para intervenções artísticas independentes. De outro lado, emissoras como a TV Tupi ainda estavam com os pés na década de 1950, conforme descrição de Fátima Jordão.

---

[316] JORDÃO *apud* CARVALHO, 2005, p. 459.

[317] ADORNO, T.; HORKHEIMER, M. A. Indústria Cultural: o esclarecimento como mistificação das massas. [1969]. *In:* ADORNO, T.; HORKHEIMER, M. (org.). **Dialética do Esclarecimento**. Rio de Janeiro: Zahar, 2006.

Em sua pesquisa sobre música cafona no Brasil dos anos 1970, Paulo César Araújo[318] faz referência a esse processo de padronização da emissora. Nela, a música cafona passou a ter menos espaço, sendo um fenômeno de rádio AM. O programa do Chacrinha, por exemplo, teve seu espaço diminuído na TV Globo.

> As desavenças com a Globo foram se acentuando gradativamente a partir de 1970. A viúva do Velho Guerreiro, Dona Florinda Barbosa, recorda que naquela época "Boni passou a interferir na produção, dizendo que era preciso reduzir a exposição do brega, da desgraça alheia, restringindo o elenco e sugerindo novos nomes. Chacrinha não aceitava, achava que Boni queria mudar a linha do programa, tornar tudo muito pasteurizado, com a cara de show americano"[319].

A consolidação do padrão Globo seria coetânea ao tempo do *vazio cultural* na mídia de massa. Essa denominação feita por Carlos Nelson Coutinho[320] diria respeito aos anos entre 1969 e 1973. Seria, nas suas palavras, um momento em que a confluência da censura/repressão com as tradições "intimistas"/"neutralizadoras" atingiria aquilo que um tecnocrata chamaria de ponto ótimo na tentativa de remoção do pluralismo como traço dominante de nossa vida cultural. Raymond Williams[321] relata que nesse mesmo recorte, filmes antigos e programas de televisão produzidos em países como os EUA — os famosos *enlatados* — foram despejados no mercado internacional a preços que fizessem qualquer produção local parecer ridiculamente cara em comparação com produtos estrangeiros.

Coutinho se refere ao grande estímulo emprestado pelo "capitalismo monopolista de Estado" à expansão e consolidação

---

[318] ARAÚJO, P. C. **Eu não sou cachorro, não:** música popular cafona e ditadura militar. Rio de Janeiro: Record, 2015.

[319] ARAÚJO, 2015, p. 306.

[320] COUTINHO, 2011.

[321] WILLIAMS, 2016.

de uma enorme indústria cultural em bases não só capitalistas (o que já vinha ocorrendo antes de 1964), mas também cada vez mais monopolistas. O processo atingiria mais duramente os grandes meios de comunicação de massa como a televisão. Segundo o autor, esse processo de monopolização da indústria cultural gerou imediatamente uma forte expansão *quantitativa* dos chamados bens culturais, o que, antes de mais nada, serviu para ocultar o fenômeno do "vazio", de natureza qualitativa[322].

Além disso, Coutinho destacou que a lógica capitalista e monopolista na cultura fez com que o valor comercial dos objetos culturais se tornasse mais importante do que seu valor prático ou estético. Isso levou à criação e disseminação de uma "pseudocultura de massas" que, ao transmitir valores alienados, servia como instrumento de manipulação das pessoas em benefício do sistema estabelecido. Tal privilegiamento não se manifestaria apenas na difusão do que denominou "doença senil" do nacional-popular:

> Ela se manifesta quando certos elementos dessa orientação realista e historicista, despojados, porém, de sua intenção crítica e totalizadora, são utilizados em produtos característicos de uma arte puramente "agradável", digestiva ou comercial, cujo valor estético é puramente nulo e cujas implicações ideológicas são frequentemente negativas. O meio privilegiado de propagação dessa "doença senil" é certamente a indústria cultural; é assim que podemos facilmente detectar o uso castrado do nacional-popular em várias novelas da televisão ou em muitos dos filmes produzidos para o chamado grande público. O fenômeno também se manifesta no campo da literatura ou da música popular[323].

Mais grave que a "doença senil do nacional-popular" seria a importação em série de produtos pseudoculturais gerados nos países imperialistas, frequentemente preferido pelos *mass media* por

---

[322] COUTINHO, 2011.

[323] COUTINHO, 2011, p. 61.

serem mais baratos que os produtos nacionais (o caso do pacote de filmes que citei anteriormente[324]). Coutinho defende a ideia de que isso não teria consequências deletérias apenas no terreno cultural e ideológico em si; essa importação ameaçaria também o trabalho e a sobrevivência de inúmeros intelectuais e artistas brasileiros[325]. Assim, todos esses fatos negativos da indústria cultural — comuns a qualquer forma de capitalismo monopolista — assumiriam proporções ainda mais catastróficas na medida em que ocorriam no quadro de um regime político fundado na repressão e no arbítrio.

Após os dois meses de prisão arbitrária, em quartéis militares do Rio de Janeiro, Gil e Caetano passaram outros cinco meses de ostracismo forçado, em regime de prisão domiciliar na capital baiana. Só depois de uma arrastada negociação com os militares, mediada pelo comandante militar da Polícia Federal de Salvador, conseguiram a permissão para fazer o show *Barra 69*. Seria uma forma de obterem dinheiro para a viagem, depois de tanto tempo impedidos de trabalhar. Logo em seguida, deveriam deixar definitivamente o país[326].

Durante o período em que permaneceram confinados em Salvador, os dois compositores ficaram proibidos de dar entrevistas, fazer shows ou se apresentarem em rádios e TVs, além da obrigação de se apresentarem todos os dias na Polícia Federal. Conforme Calado, o cotidiano dos baianos já não tinha quase nada que lembrasse a agitação do ano anterior. Passaram a viver num círculo de amigos e familiares.

Por volta do mês de maio, ainda sem haver perspectivas de mudança na situação dos dois detidos, André Midani e Manuel Barenbein, presidente e produtor da Philips respectivamente,

---

[324] Esse fenômeno ainda é bastante atual na grade de programação dos canais abertos do Brasil. O principal exemplo disso seria a *Sessão da Tarde* da TV Globo: uma exibição de filmes, nas tardes de segunda a sexta-feira, desde o dia 11 de março de 1974 (SESSÃO DA TARDE. *In:* WIKIPÉDIA, a enciclopédia livre. Flórida: Wikimedia Foundation, 2024. Disponível em: https://pt.wikipedia.org/w/index.php?title=Sess%C3%A3o_da_Tarde&oldid=67669374. Acesso em: 15 ago. 2024).

[325] COUTINHO, 2011.

[326] CALADO, 1997.

concluíram que a única maneira de ajudá-los seria produzindo novos discos. Os detalhes gerais foram acertados por telefone e, já em junho, Barenbein, Rogério Duprat e os técnicos de som Ary Carvalhaes e João dos Santos viajaram para Salvador. Depois de se instalarem no estúdio J.S., Barenbein já tinha a sua espera uma intimação para comparecer à sede da Polícia Federal. Contudo, apesar dos problemas políticos e das condições técnicas do estúdio que encontraram, Gil e Caetano enfim gravariam seus discos: *Gilberto Gil* (1969) e *Caetano Veloso* (1969)[327].

Apesar de todas as afinidades existentes entre Caetano e Gil, seus trabalhos tomariam rumos diferentes. Gil anunciava de antemão seu mergulho no rock inglês com composições como "Cérebro Eletrônico" e "Volkswagen Blues". Mesmo assim, continuava cultuando suas raízes no baião "17 Léguas e Meia" (de Humberto Teixeira e Carlos Barroso), antigo sucesso de Luiz Gonzaga com roupagem pop-rock[328].

Já o LP *Caetano Veloso* não conseguia esconder a tristeza e a depressão que seu autor vivera durante os seis meses que precederam a gravação. Apesar da euforia carnavalesca do frevo "Atrás do Trio Elétrico", composição que prefigurou uma futura nova fase da música baiana, a atmosfera de melancolia dominava o álbum, especialmente em faixas como "The Empty Boat" (uma das primeiras canções em inglês de Caetano), o fado "Os Argonautas" ou a versão de "Chuvas de Verão" (de Fernando Lobo). Imagens poéticas como "my heart is empty" (meu coração está vazio), "meu coração não aguenta tanta tormenta" ou "trazer uma aflição dentro do peito" estavam, segundo Calado[329], longe de serem meras coincidências.

No entanto, algumas carreiras foram mais gravemente prejudicadas pela censura do Estado e pela falta de espaço na indústria, como no caso de Tom Zé. Ao longo dos anos 1970 e 1980, o artista

---

[327] CALADO, 1997.

[328] *Idem.*

[329] *Idem.*

desenvolveu seu pop experimental sem ter atenção do grande público. Só voltou a fazer sucesso no final dos anos 1980, quando "redescoberto" por David Byrne (ex-Talking Heads). Seu trabalho passou a ser divulgado nos EUA com grande sucesso de crítica[330].

Ivana Bentes[331] faz referência a um "lado B do tropicalismo" ao traçar um paralelo deste com o cinema marginal. Mais radical e virulento, uma vertente "marginália" encarnada por Torquato Neto, Capinam, o próprio Tom Zé e Rogério Duarte ganharia corpo na década de 1970, período de maior silenciamento e "vazio" da arte engajada na TV. A atitude desses artistas, mais agressiva e errática, iria se aproximar de Rogério Sganzerla, José Agrippino de Paula, Júlio Bressane, da efervescência do super-8, de Ivan Cardoso, das propostas de Hélio Oiticica nas artes visuais.

3.1 Entre a "senzala" e a "casa grande", quem participa da dança tropicalista?

No capítulo anterior, pôde-se observar os *happenings* tropicalistas como estratégia ambígua. Ao mesmo tempo que essas performances televisivas consistiam em interessante estratégia de marketing para os artistas, eram também uma forte provocação ao regime civil-militar. Antes mesmo de *Divino, Maravilhoso*, um show na boate Sucata, no Rio de Janeiro, renderia uma série de boatos. Em São Paulo, o apresentador Randal Juliano, durante programa da TV Record denominado *Guerra É Guerra*, denunciou "a suposta baderna dos tropicalistas". Baseado em um mero recorte de jornal, referendou no ar a versão de que Gil, Caetano e Os Mutantes teriam feito uma paródia do "Hino Nacional" (segundo Calado[332], Sérgio Dias Baptista teria apenas tocado um trecho da "Marselhesa", o hino francês). Randal repetia suas acusações pelo rádio,

---

[330] TOM ZÉ. *In:* **WIKIPÉDIA**, a enciclopédia livre. Flórida: Wikimedia Foundation, 2024. Disponível em: https://pt.wikipedia.org/w/index.php?title=Tom_Z%C3%A9&oldid=68113631. Acesso em: 15 ago. 2024.

[331] BENTES, 2007.

[332] CALADO, 1997.

transformando o episódio em uma espécie de campanha contra os tropicalistas — atitude que, para setores mais reacionários do regime militar, soou como prova do suposto crime. O apresentador foi intimado a depor sobre o caso, na sede do 2º exército, e acabou assinando uma denúncia formal, como se pudesse testemunhar um fato que jamais presenciou. Esse episódio já seria um sinal de que o cerco estava se fechando contra os tropicalistas. Cantando "Marcianita", Caetano recorria ao universo pop do Superman, para mandar uma mensagem cifrada à plateia da boate: "há muita kryptonita no ar, verde e amarela também. Mas Deus está solto".

Aqui, aproveito-me da metáfora de Décio Pignatari para discutir os limites comunicativos e políticos da mensagem tropicalista por meio da televisão. Para o início da discussão, recupero o momento de um polêmico debate organizado por estudantes da FAU em junho de 1968. Naquela noite, Pignatari teceu a seguinte afirmação:

> O nosso tropicalismo é recuperar forças. O de Gilberto Freyre é o trópico visto da casa-grande. Nós olhamos da senzala. Pois, como dizia Oswald de Andrade, não estamos na idade da pedra. Estamos na idade da pedrada. Interessa é saber comer e deglutir, que são atos críticos, como fazem Veloso e Gil[333].

Se os trópicos eram vistos a partir da "casa grande" ou da "senzala", uma visão mais equilibrada sugere que nem tanto ao céu nem tanto ao mar: os tropicalistas desenvolviam uma autocrítica de uma classe média artística e intelectualizada, da qual faziam parte, e tentavam, por meio do repertório e das estruturas da mídia de massa, acessar o grande público. Diante da afirmação de Pignatari, Hermano Vianna desenvolveu a seguinte reflexão, no texto "Políticas da Tropicália" publicado no livro *Tropicália: uma revolução na cultura brasileira [1967-1972]*:

---

[333] CALADO, 1997, p. 201.

> O olhar tropicalista prefere se espalhar fractalmente entre a senzala e a casa-grande, passando pela televisão do quarto de empregada do apartamento de Copacabana e indo até o quarto do presidente operário no Palácio da Alvorada em Brasília, e é claro que sendo transmitido também para o circuito interno da mansão de Bill Gates e para o computador que Richard Stallman, criador da Free Software Foundation, estiver usando. Muito confuso para gostos racionalistas?[334].

Seria, no entanto, forçoso concordar com a visão de Pignatari de que os artistas viam os trópicos a partir da "senzala". Os ditos tropicalistas não eram originários de estratificações sociais mais baixas, assim como a maioria dos outros músicos que se apresentavam em festivais. Cantores posteriormente associados ao estilo "cafona" teriam mais identificação com o gosto popular. A maior parte deles — Waldick Soriano, Odair José, Nelson Ned, Agnaldo Timóteo etc. — era oriunda das camadas populares e cantava para as camadas populares. A respeito das críticas que recebiam dos jornais, Nelson Ned dizia:

> O artista popular da minha linha, da linha de um Agnaldo Timóteo, não tem que se preocupar com a imprensa. Quem tem que se preocupar com a imprensa é Djavan, Milton Nascimento, Caetano Veloso, Chico Buarque, porque eles vivem da imprensa; nós não. Nós somos cantores de AM, somos cantores do rádio, somos homens do povo. Eu venho das massas populares; eu não fui criado nas elites de Ipanema ou do Baixo Leblon e nem represento essa bandeira esquerdizante, dessa linha indefinida sexualmente. Eu represento o homem brasileiro, a passionalidade latino-americana e toda virilidade que existe no bolero e na balada[335].

---

[334] VIANNA, 2007, p. 142.
[335] ARAÚJO, 2015, p. 182.

Pode-se ver, a partir de dados anteriormente apresentados por Napolitano, o restrito número de pessoas com acesso a aparelhos de televisão naquele momento, por mais significativo que fosse a expansão desse mercado entre os anos de 1967 e 1968. Além disso, o fato de a televisão ainda não operar sob o sistema de satélites, fato que só ocorreria a partir de 1969, fazia com que as suas programações se restringissem a lugares geográficos específicos, os grandes e médios centros urbanos. A respeito da gradativa instalação do padrão Globo de qualidade, Paulo César Araújo[336] chama atenção para a "limpeza de som" das emissoras para além da "limpeza de imagem". Uma assepsia da imagem veio acompanhada de uma assepsia do som — que seria incompatível com um repertório cafona. Por essa razão, havia a preferência da emissora de artistas como Caetano Veloso e Tom Jobim. De acordo com seu argumento, a estética da MPB, com suas dissonâncias e ambições literárias, iria se ajustar melhor à ideia de um país economicamente forte, moderno e desenvolvido. Para Araújo, as canções de Odair José ou de Waldick Soriano estavam ali, bem próximas, "para lembrar que o Brasil, ou grande parte dele, é miserável, sim!; é subdesenvolvido, sim!; é analfabeto, sim! E isto a emissora do Jardim Botânico queria varrer para debaixo do tapete"[337].

Questionei, portanto, se seria de fato massivo o público em maior contato com as apresentações midiáticas dos artistas. Nesse ponto, talvez seria mais prudente falar de um setor da classe média dialogando com a própria classe média, ou melhor, de frações da classe média provocando a própria classe média. O rádio, nesse momento, já era um veículo amplamente disseminado. No entanto, a ideia de que as apresentações audiovisuais dos artistas teriam sido o espaço de uma provocação mais direta e menos ambígua do que uma crítica veiculada em letra de música é convincente. Basta pensar em Caetano cantando "Boas Festas" com uma arma na cabeça, poucos dias depois de assinado o AI-5 — medida que criminalizaria muitas ações menos diretas e fortes como essa.

---

[336] ARAÚJO, 2015.
[337] *Ibidem*, p. 304.

Quando me refiri aos programas de televisão, sobretudo *Divino, Maravilhoso*, apostei mais na consideração de Carlos Nelson Coutinho da Tropicália como "dura crítica, nada populista nem ingênua, da cotidianidade capitalista moderna"[338] em lugar da ideia de "esnobismo de massas" elaborada por Schwarz[339]. Nesse sentido, por maior que tenha sido a ambivalência dos tropicalistas, a imprecisão irônica de celebrar o Brasil como absurdo deixa poucas dúvidas quando um artista, em atitude bastante arriscada, canta uma famosa música de Natal, apontando para si uma arma e em horário nobre. Quando se pensa a extensão de um país como o Brasil, talvez fossem poucos cidadãos que estivessem em contato, por meio da TV Tupi de São Paulo, com aquelas imagens. Talvez nem todos que compartilhassem da memória idílica de um Caetano leve e alegre no programa do Chacrinha compartilhariam de uma imagem menos irreverente e mais sombria. Com efeito, no contexto em que o tropicalismo virou moda, podia-se falar em esnobismo de massas. Porém, a partir do momento em que a linguagem da contracultura tomou corpo no movimento — e por meio da mídia de massa —, dificilmente o argumento de Schwarz manteria validade.

No mesmo debate da FAU, Gilberto Gil tocou num ponto delicado: "Não fomos nós que fizemos de nossa música mercadoria. Mas ela só penetra quando vendida"[340]. O tema da mercantilização da arte, inclusive da própria Tropicália, ainda está posto. Sinal de que ainda não estamos bem resolvidos com aquela época aparentemente distante e remota. No início de 2012, por exemplo, o chamado empreendimento "Tropicália", localizado no bairro de Patamares, que tem um dos metros quadrados mais caros de Salvador, teria prédios e áreas de lazer batizados com nomes como *Alegria, alegria* e *Divino maravilhoso*. A reação contra o nome dos edifícios foi imediata. Após Caetano Veloso, seguido de

---

[338] COUTINHO, 2011, p. 65.

[339] SCHWARZ, 2009, 2011.

[340] GIL, G.; VELOSO, C. Debate da FAU. *In*: COELHO, F.; COHN, S. **Encontros – Tropicália**. Rio de Janeiro: Beco do Azougue, 2008. p. 126-133. p. 130.

Tom Zé e Gilberto Gil, pedirem que a empresa retirasse os nomes, a Odebrecht respondeu que se trataria de uma "homenagem ao movimento tropicalista" e que não havia impedimentos legais para a utilização dos títulos das canções. Para os artistas, havia uma clara intenção da Odebrecht de se apropriar do tropicalismo para fins comerciais. Ironicamente, o tropicalismo, que no final dos anos 1960 procuraria botar o dedo na ferida da mercantilização da arte, encontrava-se ele mesmo mercantilizado, "uma explícita etiqueta de moda nos nomes que batizariam os edifícios e seus espaços de convivência"[341].

Em dezembro de 2023, semelhante polêmica veio à tona com a marca de roupas carioca Osklen. O desentendimento entre Oskar Metsavaht, dono da grife, e Paula Lavigne, esposa e empresária de Caetano Veloso, surgiu após Oskar postar *stories* no Instagram, incluindo vídeos e imagens de um show em que Caetano interpretava o álbum *Transa* e fotos da coleção Brazilian Soul, inspirada no movimento tropicalista. Os advogados de Caetano alegaram que isso visava vincular o lançamento da coleção ao artista. Oskar, por sua vez, afirmou que sua motivação era exclusivamente seu "ativismo cultural e seu envolvimento com a temática tropicalista"[342].

Assim, a defesa de um ideário de movimento contra o uso comercial de uma empresa pode soar irônica. Conforme Monnerat[343], o lado comercial da Tropicália não precisa ser buscado somente de décadas mais recentes para cá. Viu-se aqui que, em 1968, a empresa Rhodia utilizava-se do tropicalismo para anunciar sua marca, organizando um desfile com um show em que figuravam os artistas. Uma grande construtora como a Odebrecht, há anos aliada dos governos brasileiros e centro de grandes esquemas de corrupção, quando presta "homenagem" nesses termos, empreen-

---

[341] MONNERAT, 2013, p. 22.

[342] PINOTTIDA, F. Osklen diz que Caetano Veloso "não é dono do tropicalismo" após processo. **CNN Brasil**, CNN Pop, São Paulo, 15 dez. 2023. Disponível em: https://www.cnnbrasil.com.br/entretenimento/osklen-diz-que-caetano-veloso-nao-e-dono-do-tropicalismo-apos-processo/. Acesso em: 15 ago. 2024. s/p.

[343] MONNERAT, 2013.

deria algo difícil de digerir. O argumento de Monnerat é que, em uma escala ampliada como essa e no senso comum, o caráter de crítica e negatividade da Tropicália é elemento escasso, ou mesmo ausente, em nosso presente[344]. Diferentemente da práxis midiática dos artistas que este estudo buscou recuperar em perspectiva histórica — a despeito das contradições e ambiguidades políticas já existentes naquele momento.

3.2 Liberdade de criação e mídia como campo de batalha

Uma tendência oposicionista na cultura brasileira pós-1964 refletia, nas palavras de Coutinho[345], o fato de que o regime militar jamais conseguiu desfrutar de um consenso estável junto às camadas médias urbanas, de onde provinham, em sua maioria, os nossos intelectuais. Tal oposição refletia também o processo de complexificação e de diferenciação que o desenvolvimento do capitalismo introduziu na sociedade brasileira e, consequentemente, na própria camada de intelectuais. Esse processo, todavia, não era exatamente novo. Segundo o autor, o crescimento de uma sociedade civil mais rica e articulada, apoiada em grande parte na dinamização do movimento de massas, seria responsável pela "radicalização" dos intelectuais a partir do final dos anos 1950[346]. Assim, o regime implantado em 1964 já encontrava os intelectuais (e artistas-intelectuais) numa posição de hostilidade e mesmo de oposição aberta.

Seria certo, portanto, que as medidas imediatamente tomadas pelo novo regime — "desde o restabelecimento aberto de um modo de dominação política imposto de cima para baixo até a tentativa ditatorial de quebrar organismos da sociedade civil (partidos, sindicatos, universidades, associações profissionais, organismos culturais etc.)"[347] — representassem um duro golpe nos pressu-

---

[344] *Idem.*

[345] COUTINHO, 2011.

[346] *Idem.*

[347] COUTINHO, 2011, p. 68.

postos de uma hegemonia cultural das correntes democráticas. O fato é que, direta ou indiretamente, o regime militar lutou para impor as condições favoráveis ao predomínio da cultura elitista. Por outro lado, pudemos ver os fatores que obstaculizaram, no conjunto do período iniciado em 1964, a emergência efetiva dessa hegemonia cultural do "intimismo".

Além da própria resistência de intelectuais e artistas, Coutinho lembra que a própria modernização econômica promovida pelo regime — ainda que conservadora, dependente, antipopular e antinacional — abalou seriamente uma das bases sociais mais sólidas da cultura "intimista": o caráter de "favor" pessoal de que se revestiam os processos de cooptação da intelectualidade pelo sistema dominante. O mercado de trabalho intelectual (inclusive o artístico) — impulsionado pela emergência da indústria cultural monopolizada — faria com que os intelectuais não mais fossem, pelo simples fato de serem intelectuais, "mandarins privilegiados aos quais a posse da cultura fornece prestígio e *status*"[348]. Diante de tal contexto, defendia que:

> Antes de mais nada, há uma batalha a travar no próprio plano da cultura. E a tarefa primordial dessa batalha ideológica no Brasil de hoje, é precisamente de contribuir para a superação do elitismo cultural e para uma transformação em sentido nacional-popular da cultura e da intelectualidade brasileiras. Estimulando as obras que se encaminham no sentido do nacional-popular e revelando ao mesmo tempo o beco sem saída (ideológico e estético) da visão de mundo elitista ou "intimista", a crítica – se feita no quadro do respeito ao pluralismo e à diversidade, que são traços inelimináveis de toda cultura autêntica – poderá contribuir para a expansão hegemônica de uma nova cultura brasileira efetivamente democrática, efetivamente nacional popular[349].

---

[348] *Idem.*

[349] *Ibidem*, p. 69-70.

Dessa feita, Coutinho[350] insiste em lembrar que lutar pela hegemonia de uma orientação cultural não pode significar de nenhum modo a negação do pluralismo. Para o autor, a luta pela hegemonia respeitaria o pluralismo e dele se alimentaria em dois níveis. Em primeiro lugar, uma *unidade na diversidade*, como uma unidade que retira sua força e sua capacidade expansiva da mais ampla variedade de manifestações individuais. E, em segundo, não só reconheceria a necessidade social e o direito à existência de correntes não nacional-populares, mas também — mesmo no quadro de uma crítica global de seus eventuais limites artísticos e/ou ideológicos — admitiria a possibilidade concreta de que produções culturais "intimistas" pudessem contribuir para o desenvolvimento de aspectos de uma arte ou de uma concepção de mundo efetivamente ligadas à vida da nação e do povo. Assim, Coutinho[351] já teria antes feito referência ao tropicalismo como corrente originalmente "intimista" e que teria contribuído "decisivamente" para a superação do populismo e para o amadurecimento da música brasileira. Essa mesma argumentação, acrescenta, poderia ser desenvolvida em relação ao papel do modernismo na evolução da literatura brasileira posterior a 1922. O princípio da liberdade de criação deveria valer inclusive em países socialistas. Coutinho então se refere a Palmiro Togliatti — dirigente comunista italiano —, que se valia de possibilidades desse tipo para defender a liberdade de criação:

> Há outro motivo que aconselha, nesse campo, a não por freios à investigação e à criação artística; e é que uma determinada orientação de pesquisa formal, por exemplo, mesmo se no momento se apresenta estéril e negativa, e como tal pode ser criticada, poderá amanhã aparecer como uma etapa que foi necessário atravessar para atingir novas e mais profundas formas de expressão e, portanto, um progresso de toda a criação artística[352].

---

[350] COUTINHO, 2011.
[351] COUTINHO, 2011.
[352] TOGLIATTI *apud* COUTINHO, 2011, p. 71.

No entanto, o ponto nevrálgico dessa discussão não se esgotaria nos problemas da democratização da cultura e de uma "justa perspectiva para a batalha das ideias". Haveria todo um quadro social, econômico e político que tem de ser criado para que a cultura brasileira possa efetivamente se desenvolver de forma não elitista. Seguindo Coutinho, poderia se falar de uma "democracia pluralista de massas"[353].

A "questão cultural", convertendo-se em momento privilegiado da "questão democrática", encontraria a base para a sua solução. Lutando pela democratização da cultura (e da mídia), os intelectuais (e artistas) combateriam efetivamente pela renovação democrática da vida nacional em seu conjunto; e, ao mesmo tempo, lutariam por essa renovação democrática assegurando condições mais favoráveis à expansão e ao florescimento de sua própria práxis cultural. Todavia, a nota de rodapé que encerra a edição mais recente desse artigo é de suma importância para se compreender a atualidade do problema.

> Esse ensaio foi concluído e publicado pela primeira vez em 1979. Se deixarmos de lado a repressão aberta e a censura explícita, todas as demais tendências identificadas em sua última parte continuam a caracterizar a vida social brasileira e, em particular, a sua vida cultural. Algumas delas até mesmo se acentuaram depois do fim, em 1985, do regime militar. A adoção no Brasil de políticas abertamente neoliberais nos governos civis de Fernando Collor de Mello e de Fernando Henrique Cardoso reforçou a monopolização do capital e a dependência em face do imperialismo. Isso vale para a indústria cultural que se tornou cada vez mais monopolista e desnacionalizada. Se há um fato novo é que agora a indústria cultural não só coopta intelectuais "tradicionais" mas também cria seus próprios intelectuais "orgânicos", certamente

---

[353] COUTINHO, 2011, p. 71.

mais inclinados a considerar os bens culturais como meras mercadorias[354].

Seguindo Liv Sovik[355], compartilho da sensação de que o tema da Tropicália se tornou uma desculpa para discutirmos nossos problemas atuais, um veículo para se envolver em questões recorrentes. Vemos, portanto, que questões envolvendo a democratização da mídia, uma produção cultural livre e plural e o próprio Estado democrático de Direito são bastante atuais em nossa sociedade e, mais que isso, são questões não resolvidas.

Em 2003, contrariando qualquer previsão política que pudesse ter sido feita anos antes, Lula tomou posse como presidente do Brasil e nomeou Gilberto Gil como Ministro da Cultura, surpreendendo igualmente artistas, acadêmicos e gestores da cultura. Seria grande a expectativa diante do fato de se ter no comando do ministério alguém do meio artístico — diferente do ministro antecessor, na gestão FHC, o cientista político Francisco Weffort. As mudanças e discussões provocadas por Gil encontrariam resistência dentro e fora do MinC, ao serem diretamente questionados modelos e interesses políticos[356]. Buscando então ampliar o diálogo com a sociedade, foram realizados diversos fóruns e seminários chamados de "Cultura para Todos", para a elaboração de diretrizes e a revisão de políticas culturais existentes, por exemplo a Lei Rouanet[357]. Em sua gestão, Gil buscou repensar o conceito de cultura e o lugar do poder público nesse campo.

---

[354] COUTINHO, 2011, p. 72.

[355] SOVIK, L. Cultura e política: 1967-2012: a durabilidade interpretativa da Tropicália. **Cadernos de estudos culturais**, Campo Grande, MS, v. 4, n. 8, p. 111-122, jul./dez. 2012.

[356] CARVALHO, 2005.

[357] Essa lei funciona hoje basicamente por meio do incentivo fiscal para o apoio a projetos culturais, tendo na isenção de impostos a principal fonte de verbas para atividades artísticas: para ter um projeto aprovado pela lei, é preciso enviar a proposta dentro dos moldes dos formulários disponíveis no site do ministério, que será tecnicamente avaliada e, caso seja aceita, receberá um certificado da Lei de Incentivo à Cultura; a partir daí, o proponente deverá então captar recursos em empresas que tenham interesse em financiar seu projeto, que receberão isenção fiscal relativas ao valor patrocinado. No entanto, apenas projetos com alguma visibilidade conseguem receber esse tipo de patrocínio que, embora envolva dinheiro público, acaba sendo regulado pelo setor privado (Carvalho, 2005).

Nos últimos anos, deparou-se com uma crise dessa "democracia representativa de massas" — da crise dos governos anteriores do PT à ascensão da extrema-direita no poder. Num plano global, o filósofo Slavoj Zizek[358] diz que vivemos em um tempo em que o divórcio entre capitalismo e democracia já se consumou. Se for observada a história mundial dos últimos dois séculos, alertaria Michael Löwy[359], o que predomina é o Estado de exceção, a democracia é que foi excepcional. Assim, se nos governos democraticamente eleitos de Lula e Dilma Rousseff as políticas em torno da Democratização da Mídia e da Cultura foram insuficientes, nos momentos posteriores de governos Michel Temer e Jair Bolsonaro o cenário se mostrou ainda mais sombrio.

No momento em que Dilma foi afastada temporariamente da presidência e Temer assumiu como interino, houve uma tentativa desastrada de extinguir o Ministério da Cultura. Segundo Juca Ferreira, recuou-se da decisão e recriou-se o ministério porque se subestimou o poder do mundo da cultura. Houve mobilizações e protestos em muitas cidades do Brasil contra a extinção do MinC: "sedes foram ocupadas, produtores e cineastas protestaram em Cannes, artistas como Caetano Veloso se mobilizaram, e o Governo interino se surpreendeu com a resposta"[360].

Sobre o contexto de 1964, o jornalista Mauro Lopes[361] afirma que a contranarrativa do golpe foi sustentada por um único jornal, o Última Hora. No mesmo dia da deposição de João Goulart, as sedes do jornal no Rio e Recife foram invadidas e depredadas. O jornalista Samuel Wainer, dono do jornal, exilou-se no Chile e acabou sendo obrigado a vendê-lo para uma das quatro famílias, os Frias, em 1971. No entanto, Lopes pondera que agora não há um

---

[358] ZIZEK, S. **Vivendo no fim dos tempos**. São Paulo: Boitempo, 2012.

[359] LÖWY, M. Da tragédia à farsa: o golpe de 2016 no Brasil. *In:* SINGER, A. *et al.* **Por que gritamos golpe?:** para entender o impeachment e a crise. São Paulo: Boitempo, 2016. p. 61-68.

[360] FERREIRA, J. Cultura e resistência. *In:* SINGER, A. *et al.* **Por que gritamos golpe?:** para entender o impeachment e a crise. São Paulo: Boitempo, 2016. p. 115-118. p. 117.

[361] LOPES, M. As quatro famílias que decidiram derrubar um governo democrático. *In:* SINGER, A. *et al.* **Por que gritamos golpe?:** para entender o impeachment e a crise. São Paulo: Boitempo, 2016. p. 119-126.

Última Hora[362], mas a internet e as redes sociais viram nascer uma vigorosa imprensa independente no império midiático. Uma teia de sites, blogs, páginas no Facebook e perfis no Twitter assumiria a contranarrativa, denunciando o golpe jurídico-parlamentar de 2016 e a narrativa das grandes famílias. As duas principais iniciativas de imprensa independente, à época, que atuavam no *hard news* (cobertura a quente dos fatos do dia, de preferência em tempo real) eram o *Mídia Ninja* e o *Jornalistas Livres*.

Nos dias de hoje, não se pode esquecer da internet como mais uma arena de lutas e disputas pela hegemonia no interior da sociedade civil. Dênis de Moraes[363] menciona, por exemplo, essas práticas comunicacionais viabilizadas pelo desenvolvimento de tecnologias digitais que exprimem visões contra-hegemônicas — isto é, questionamentos do neoliberalismo e de seus efeitos antissociais, o que implica contraditar, ideologicamente, o discurso dominante. Por outro lado, é importante reconhecer que a internet também revelou um lado mais sombrio nos últimos anos. Fenômenos como os filtros-bolha e a lógica algorítmica têm desempenhado papel fundamental em moldar a percepção pública de maneira preocupante. Ao personalizar e filtrar informações com base nos interesses e comportamentos anteriores dos usuários, essas tecnologias criam bolhas informativas que isolam indivíduos em universos de opiniões semelhantes, dificultando o diálogo e a compreensão entre diferentes pontos de vista.

Além disso, a influência de grandes empresas de tecnologia (*Big Techs*) em processos eleitorais ao redor do mundo tem suscitado preocupações sérias sobre a integridade das democracias

---

[362] Última Hora foi um jornal carioca fundado pelo jornalista Samuel Wainer, em 12 de junho de 1951. Chegou a ter uma edição em São Paulo, além de uma edição nacional que era complementada localmente em Porto Alegre, Belo Horizonte, Recife, Niterói, Curitiba, Campinas, Santos, Bauru e no ABC Paulista. O periódico, nas palavras de Wainer um "jornal de oposição à classe dirigente e a favor de um governo", o de Vargas, foi um marco no jornalismo brasileiro, inovando em termos técnicos e gráficos (ÚLTIMA HORA. *In:* **WIKIPÉDIA**, a enciclopédia livre. Flórida: Wikimedia Foundation, 2024. Disponível em: https://pt.wikipedia.org/w/index.php?title=Ultima_Hora&oldid=67612476. Acesso em: 15 ago. 2024).

[363] MORAES, 2019.

locais. A capacidade dessas plataformas de manipular informações e direcionar conteúdos específicos para grupos de eleitores pode comprometer o processo democrático, favorecendo determinados candidatos ou agendas políticas. Esse poder desmedido das *Big Techs* ameaça a transparência e a equidade das eleições, colocando em risco a própria essência da democracia.

O impacto negativo da lógica algorítmica também se estende à cultura. Em vez de promover o pluralismo cultural prometido, os algoritmos das plataformas de *streaming* frequentemente reforçam uma lógica quase que estritamente mercadológica. Isso pode resultar em menos diversidade musical e cultural, limitando a exposição do público a diferentes estilos e gêneros. Assim, em vez de enriquecer a experiência cultural, a lógica algorítmica tende à redundância e à homogeneização do consumo cultural em detrimento de mais diversidade artística.

Em tempos atuais, pode-se pensar a internet tanto como plataforma para manifestações políticas quanto como meio de compartilhamento de conteúdos musicais, levando em conta os desafios e as tendências do mercado e da tecnologia atuais. Além de examinar a performance tropicalista na televisão e seu potencial político em perspectiva histórica, é pertinente considerar nos dias de hoje propostas artísticas emergentes avaliando suas estéticas e práticas políticas.

Nos últimos anos, a cena musical brasileira viu o surgimento de artistas que combinam a psicodelia e a música popular brasileira com uma atitude crítica e inovadora. Um exemplo notável é a banda BaianaSystem, que mistura sonoridades tradicionais da Bahia, como a guitarra baiana, com *sound systems*, elementos eletrônicos e influências internacionais. Suas letras frequentemente abordam temas sociais e políticos, reforçando sua dimensão crítica e militante.

Em outubro de 2015, Liniker lançou seu primeiro EP, *Cru*, com as músicas "Zero", "Louise du Brésil" e "Caeu", todas compostas pela artista. Os vídeos com interpretações dessas canções foram publicados no YouTube e viralizaram rapidamente, ultrapassando 1 milhão de visualizações[364]. Neles, aparecia com saia, brincos, batom, colar e turbante. Criando, então, uma sonoridade que desafia categorizações simples, as letras de Liniker abordam questões de identidade, gênero e resistência — entre outras questões, como o amor e o afeto em sua diversidade.

Também na década passada, Karol Conka, considerada então uma das principais representantes do rap feminino, gravava sua primeira música demo, disponibilizando em seu Myspace oficial. Rico Dalasam, com indumentária híbrida que mistura elementos visuais de divas do R&B, astros do basquete e divindades indianas, apresentou-se como primeiro rapper gay no Brasil — um meio tido como machista[365].

Fora da cena independente e adentrando o campo da música pop e do *showbiz*, artistas como Anitta, Pabllo Vittar e Ludmilla, por exemplo, incorporam em seus trabalhos tanto uma mistura de estilos musicais quanto a abordagem de temas políticos em torno de reconhecimento e das múltiplas subjetividades — o que ganhou fôlego em contexto de maior proporção de ataques às diversidades sexuais e de gênero dos últimos anos. Anitta mistura funk com reggaeton, música pop e eletrônica, criando uma sonoridade que foge de qualquer rotulação referente a gênero musical específico. Além disso, suas músicas, seus videoclipes e seus posicionamentos em redes sociais abordam questões de empoderamento feminino, trazendo à tona discussões relevantes sobre gênero, raça e classe social. Pabllo Vittar, uma *drag queen* e cantora de destaque internacional, também representa essa fusão de estilos ao misturar pop, funk, forró e tecnobrega, por exemplo. Suas letras e performances assumem postura provocadora e subversiva quando usa sua plata-

---

[364] LINIKER: projeto musical viraliza na internet e conquista o Brasil. **Portal CBN Campinas**, 15 fev. 2016. http://www.portalcbncampinas.com.br/2016/02/projeto-musical-de-araraquara-viraliza-na-internet-e-se-apresenta-pelo-brasil/. Acesso em: 15 ago. 2024.

[365] FILGUEIRAS, M. Com estética LGBT, Rico Dalasam lacra a cena do rap. **O Globo**, 10 out. 2015. Disponível em: https://oglobo.globo.com/cultura/musica/com-estetica-lgbt-rico-dalasam-lacra--cena-do-rap-1-17740381. Acesso em: 15 ago. 2024.

forma para defender os direitos LGBTQ+ e levantar questões políticas. Ludmilla, por sua vez, destaca-se ao trazer uma combinação poderosa de funk, pop, pagode e R&B em sua música. Seu trabalho não apenas alcança um público amplo, mas também carrega um forte componente de representatividade e resistência. Ludmilla utiliza suas músicas e sua presença na mídia para abordar questões de racismo, homofobia e desigualdade social. Em músicas como "Favela Chegou" e "Verdinha", ela celebra a cultura periférica e negra, ao mesmo tempo que desafia estereótipos e preconceitos. Sua trajetória como uma mulher negra e bissexual[366] no *mainstream* da música brasileira torna-a uma voz importante na luta por reconhecimento e direitos para comunidades marginalizadas.

No entanto, é bom lembrar, a esfera do *showbiz*, pelo seu caráter mercadológico, apresenta limites em momentos políticos decisivos como a eleição de 2018 no Brasil. Anitta, por exemplo, foi criticada por seu silêncio inicial sobre seus posicionamentos naquele pleito caracterizado pela ascensão da extrema-direita, o que levantou discussões sobre as pressões e restrições, inclusive publicitárias, impostas pela indústria do entretenimento. Essa ambiguidade revela as tensões entre a autenticidade do ativismo e as exigências comerciais do *showbiz* na atualidade, discussão que merece trabalho à parte.

---

[366] Ludmilla diz que se definir lésbica ou bissexual é algo muito limitado: "Minha orientação sexual no momento é Brunna Gonçalves". Disponível em: https://tvefamosos.uol.com.br/reportagens--especiais/leo-dias-entrevista-ludmilla/. Acesso em: 22 set. 2024.

CONCLUSÃO

Em seu prefácio à edição brasileira do livro *Televisão: tecnologia e forma cultural,* de Raymond Williams, Graeme Turner[367] faz um alerta contra o otimismo digital dos últimos anos. Segundo o autor, estaríamos hoje melhor servidos se mais pessoas tivessem se lembrado das formulações do intelectual inglês. Demasiados relatos sobre convergência e novas mídias assumiram, nos últimos anos, uma relação causal entre desenvolvimento de novas tecnologias e mudança social. Os exemplos iriam desde debates sobre a democratização inerente ao desenvolvimento da internet à proposição de que o controle das mídias estaria agora nas mãos das pessoas "anteriormente conhecidas como audiência". Entretanto, pondera Turner:

> [...] a invenção ou a aplicação de uma tecnologia nova não causa, por si mesma, mudança cultural ou social. O que está implícito em sua insistência de que devemos historicizar é a necessidade de considerar o modo como a tecnologia será provavelmente articulada com grupos específicos de interesse e dentro de certa ordem social[368].

Assim, Turner alega que, apesar de todo esse otimismo que a *web* despertou incialmente, ela demonstrou vulnerabilidade às mesmas tendências à comercialização e concentração que vimos moldar a estrutura das mídias tradicionais. Além disso, acrescenta, as novas tecnologias, como o celular, acabaram por funcionar de modos muito diferentes em vários lugares, e houve muitos equívocos ao se tentar prever de maneira precisa como as novas tecnologias seriam de fato usadas[369].

---

[367] TURNER, G. Prefácio à Edição Brasileira. *In:* WILLIAMS, R. **Televisão** – tecnologia e forma cultural. São Paulo: Boitempo; Belo Horizonte: PUCMinas, 2016. p. 7-12.

[368] TURNER, 2016, p. 10.

[369] TURNER, 2016.

Nesse entusiasmo pelo potencial tecnológico de um novo dispositivo, muitas das discussões sobre as novas mídias negligenciaram essas variações: "paradoxalmente, como grande parte do entusiasmo pelo mundo digital baseou-se naquele que foi considerado seu potencial para empoderar pessoas comuns, esse entusiasmo foi também fundamentado em pressupostos que parecem deterministas"[370]. Williams[371] teria então alertado para os erros que podem ser cometidos como consequências de conclusões apressadas sobre os efeitos das tecnologias. Em seu livro *Television*, assinalou como as possibilidades criativas da televisão foram frustradas pelas estruturas de investimento e capital implicadas em seu desenvolvimento.

> Quando há um investimento tão pesado em um determinado modelo de comunicação social, tem-se um conjunto restritivo de instituições financeiras, de expectativas culturais e conhecimentos técnicos específicos, que, embora possa ser visto, superficialmente, como o efeito de uma tecnologia, é na verdade um complexo social novo e central[372].

Conforme Roger Silverstone[373], o objetivo da análise de Williams não era reificar a televisão, mas identificá-la como uma forma particular de cultura, uma *forma cultural*. Williams[374] reservaria suas críticas mais agudas para as teorias de Marshall McLuhan. Se o meio fosse realmente a mensagem, perguntaria Williams, o que nos restaria dizer ou fazer? Para Silverstone, as perspectivas de McLuhan talvez não mais sobreviveriam, mas sobreviveram e foram, de fato, revividas em celebrações da chegada do meio internet.

Em entrevista para Pierre Levi, o ex-ministro Gilberto Gil fala de desafios da comunicação, sobretudo digital, nos últimos

---

[370] *Ibidem*, p. 10.

[371] WILLIAMS, 2016.

[372] WILLIAMS, 2016, p. 42.

[373] SILVERSTONE, R. Preface. *In:* WILLIAMS, R. **Technology and Cultural Form.** London and New York: Routledge, 2003. p. VII-XIII.

[374] WILLIAMS, 2016.

TROPICÁLIA EM TELA

anos. Para ele, o panorama recente é confuso e não poderia ser diferente. Em suas palavras, "foram surpreendidos os que historicamente sempre necessitaram e esperaram novas possibilidades emancipatórias. E também, foram tomados de surpresa os que historicamente se aproveitaram da hegemonia científica-tecnológica imposta pelas elites mundiais"[375]. Gil quis com isso dizer que, num primeiro momento, os deserdados, a periferia do planeta foi a mais excitada, a que mais se movimentou no sentido de apropriações mínimas das novas possibilidades do ciberespaço. Mas em seguida, "como sempre acontece"[376], as elites do poder econômico, do poder político e do poder cultural mundial se aperceberam das novas possibilidades e das "novas ameaças da apropriação do cibermundo pela periferia. E logo começaram trabalhar a construção de novas hegemonias"[377]. Nesse sentido, cresceram muito os googles, apples, youtubes, amazons e os facebooks. Seriam as grandes empresas mundiais, as mais ricas, que ditariam tendências e regras. Por outro lado, as periferias, os movimentos sociais, as iniciativas individuais "dos campos poético, estético e político" começariam a se inibir sob a regência de uma nova hegemonia criada pela elite.

Diante de um cenário mais recente, o ex-ministro "hacker" ou ex-ministro "tropicalista" diz: "fui mais otimista, hoje já não sou tanto"[378]. Seu prenúncio inicial era de que o reino da liberdade tivesse finalmente ganhado um grande reforço com a cultura digital, mas essa liberdade estaria diminuída pela lógica da razão produtivista. Assim, quando trago neste livro a temática do tropicalismo musical como exemplo de vanguarda no contexto da televisão, estou de acordo tanto com Gil quanto com Raymond Williams: a inovação tecnológica *per se* não implica pluralidade e contra-hegemonia. Além disso, a democratização do acesso a

---

[375] GIL, G.; OLIVEIRA, A. (ed.). **Disposições amoráveis**. São Paulo: IYá Omin, 2015. p. 274.

[376] *Idem.*

[377] *Idem.*

[378] GIL; OLIVEIRA, 2015, p. 274.

determinadas tecnologias não implica necessariamente essas mesmas consequências.

Viu-se que, entre as décadas de 1950 e 1960, a televisão deixa de ser um bem exclusivamente de luxo, passando a circular também entre as camadas médias. Em poucos anos, a televisão, que ainda apresentava algumas brechas para produções mais autorais e menos submissas a controles de conteúdo (o próprio fato dos programas ao vivo), sofreria um processo de padronização *vis-à-vis* os moldes de uma grande empresa capitalista. Coincidentemente, falaríamos de um "vazio cultural", de uma produção cultural domesticada e pouco crítica (isso tudo agravado pela censura). Ainda sob a experiência de Estado democrático de Direto, a televisão aberta continuou engessada e controlada por pouquíssimos e poderosos grupos familiares. Por outro lado, quando se pensa em manifestações musicais e performáticas de anos mais recentes, vem à mente artistas que se divulgaram pela internet. Basta pensar em alguns exemplos que se destacaram como revelação nos últimos anos.

Seria também impreciso afirmar que a televisão de hoje, por pouco democrática ou plural que seja, não apresenta em sua grade algum tipo de novidade, pois a participação desses artistas em programas televisivos vem mediada pelas mídias digitais. Artistas já conhecidos do meio digital passam a frequentar o espaço da televisão. No entanto, nos dias de hoje, existe uma ilusão de pluralismo e de oferta infinita de produtos midiáticos audiovisuais e musicais ao se acessar plataformas de *streaming* como Netflix e Spotify. Essa ilusão é criada pela vasta quantidade de conteúdo disponível, mas, na realidade, as próprias plataformas produzem e recomendam produtos aos consumidores com base na lógica algorítmica. Esse processo não só limita a exposição a uma verdadeira diversidade de conteúdo, mas também influencia diretamente os padrões estéticos e culturais. No caso da música, por exemplo, observa-se a "tiktokização", em que as músicas são cada vez mais curtas e repetitivas para se adequarem aos formatos virais das redes sociais. Isso cria um ambiente desfavorável para artistas independentes, que enfrentam dificuldades em ganhar visibilidade e competir com os produtos amplamente promovidos pelos algoritmos das plataformas[379].

Como a tecnologia se desenvolverá de agora em diante, indaga Williams[380], não é questão de algum processo autônomo dirigido por engenheiros distantes. É uma questão de definição social e cultural de acordo com os fins que buscam. Da mesma forma com que Gil pontuou, de forma menos otimista, sobre as possibilidades futuras de democratização das tecnologias (e, portanto, do fazer cultural), Williams afirma que grande parte do desenvolvimento técnico é decidido por corporações de mídia instituídas, mais ou menos bem articuladas às burocracias políticas de alguns estados poderosos. Portanto, a mudança da teoria e da prática das mídias tais como conhecemos não dependerá das propriedades fixadas do meio de comunicação, nem do caráter necessário de suas instituições, mas de ação e lutas sociais continuamente renováveis, para inclusive se pensar nos problemas emergentes das tecnologias e suas instituições — e também seus conteúdos.

Assim, diante de um momento de forte crise de nossas instituições — basta olhar para a crise política e reescalada autoritária dos últimos anos —, a temática da Tropicália mostrou-se útil como exemplo histórico de sua criticidade, por meio da televisão, em contexto de falência institucional bastante evidente. É importante destacar que no final dos anos 1960, as definições e abrangências do conceito de política estavam em debate. Após 1968, houve uma ampliação das discussões políticas a partir de novos prismas, que passaram a considerar não apenas as *macroestruturas* como partidos políticos e classes sociais, mas também aspectos subjetivos como o corpo, as emoções e a sexualidade. Pode-se aqui ver que tais movimentações se fizeram presente tanto no tropicalismo a partir de sua iconografia, quanto no *desbunde* como nova forma de comportamento que ali se deflagrava como espécie de rebeldia

---

[379] DE MARCHI, L. **A indústria fonográfica digital**: formação, lógica e tendências. Rio de Janeiro: Mauad X, 2023.

[380] WILLIAMS, 2016.

juvenil em tempos de linha dura. Desbunde significava valorizar a espontaneidade, a irreverência e a transgressão por meio do corpo, do erotismo e da experimentação estética como formas de resistência à repressão e ao conservadorismo. Pensando nas mídias, quais espaços estariam hoje abertos a essas formas de manifestação e expressão? Em um Brasil sob tensão com novos discursos e formas autoritárias, onde estaria a rebeldia dos dias de hoje?

Hoje, porém, transformações tecnológicas redefinem cenários das mídias, das artes, da política e das possíveis formas de engajamento. Plataformas digitais, *Big Techs*, serviços de *streaming* desempenham hoje papel central na disseminação de conteúdos, apresentando novos desafios para a arte crítica. Enquanto a televisão tradicional exerce poder político concentrado e controle rígido sobre seus conteúdos, as mídias digitais pareceram inicialmente abrir brechas para produções independentes. No entanto, vale lembrar que essas plataformas também são controladas por grandes corporações com interesses próprios, o que pode limitar a liberdade criativa e a criticidade das obras. A recente inserção da inteligência artificial, por exemplo, levanta questões sobre autenticidade, controle e acesso, refletindo a dualidade entre inovação e dominação tecnológica. No futuro, essas plataformas podem restringir ainda mais a divulgação de conteúdos independentes. Portanto, é essencial compreender os limites políticos inerentes a essas novas mídias, sem perder de vista possíveis brechas de negociação que possivelmente ainda existam. Ignorar as estruturas políticas e econômicas que fazem parte desse jogo seria demasiado otimista, mas também seria um erro não explorar, ou negar, as possibilidades que as tecnologias proporcionam no fazer musical, artístico e político.

As questões com as quais esse movimento lidou - raça, identidade, alta versus baixa cultura, hemisfério norte versus sul - são todos problemas com os quais cada um de nós lida todos os dias.

(David Byrne)

REFERÊNCIAS

A PROVA de fogo. **Revista InTerValo**, São Paulo, n. 298, 1968. Caetano Veloso... en detalle, 10 set. 2012. Disponível em: http://caetanoendetalle.blogspot.com.br/2012/09/1968-vida-paixao-e-banana-do.html. Acesso em: 15 ago. 2024.

ADORNO, T.; HORKHEIMER, M. A. Indústria Cultural: o esclarecimento como mistificação das massas. [1969]. *In:* ADORNO, T.; HORKHEIMER, M. (org.). **Dialética do Esclarecimento**. Rio de Janeiro: Zahar, 2006.

AGUILAR, G. **Hélio Oiticica, a asa branca do êxtase:** arte brasileira 1964 – 1980. Rio de Janeiro: Anfiteatro, 2016.

ARAÚJO, P. C. **Eu não sou cachorro, não:** música popular cafona e ditadura militar. Rio de Janeiro: Editora Record, 2015.

BAIANOS na tv: "divino, maravilhoso". **Folha de São Paulo**, 30 out. 1968. Tropicália, Eubioticamente atraídos – Reportagens Históricas, [20--]. Disponível em: http://tropicalia.com.br/eubioticamente-atraidos/reportagens-historicas/baianos-na-tv-divino-maravilhoso. Acesso em: 15 ago. 2024.

BAKHTIN, M. **A cultura popular na Idade Média e no Renascimento:** o contexto de François Rabelais. Brasília: Editora UnB, 2013.

BASUALDO, C. (org.). **Tropicália -** uma revolução na cultura brasileira [1967-1972]. São Paulo: Cosac Naify, 2007.

BENTES, I. Multitropicalismo, cine-sensação e dispositivos teóricos. *In:* BASUALDO, C. (org.). **Tropicália -** uma revolução na cultura brasileira [1967-1972]. São Paulo: Cosac Naify, 2007. p. 99-130.

BHABHA, H. **O local da cultura.** Belo Horizonte: UFMG, 1998.

BOURDIEU, P. **A distinção:** crítica social do julgamento. Porto Alegre: Zouk, 2011.

BRASIL. **Ato Institucional Nº 5, de 13 de dezembro de 1968.** Brasília: Senado Federal, 13 dez. 1968. Disponível em: http://legis.senado.gov.br/legislacao/ListaPublicacoes.action?id=194620. Acesso em: 20 jul. 2024.

BUARQUE DE HOLLANDA, H.; GONÇALVES, M. **Cultura e participação nos anos 60.** São Paulo: Brasiliense, 1982.

BUARQUE DE HOLLANDA, H.; PEREIRA, C. A. **Patrulhas ideológicas.** São Paulo: Brasiliense, 1980.

CALADO, C. **Tropicália:** a história de uma revolução musical. São Paulo: Editora 34, 1997.

CAMPOS, A. **Balanço da bossa e outras bossas.** São Paulo: Perspectiva, 1986.

CAMPOS, A. A explosão de Alegria Alegria. *In:* CAMPOS, A. **Balanço da bossa e outras bossas.** São Paulo: Perspectiva, 1986, p. 151-158.

CAMPOS, A. Informação e redundância na música popular. *In:* CAMPOS, A. **Balanço da bossa e outras bossas.** São Paulo: Perspectiva, 1986, p. 179-188.

CANAL Brasil. Tropicália ou Panis e Circensis | O Som do Vinil (Parte 2). **YouTube,** 18 ago. 2020. Disponível em: https://www.youtube.com/watch?v=RVizUr6WtS0. Acesso em: 14 ago. 2024.

CANCLINI, N. G. **Culturas Híbridas -** estratégias para entrar e sair da modernidade. São Paulo: EDUSP, 1997.

CAPARELLI, N. **O Cruzeiro,** Rio de Janeiro, 22 jun. 1968.

CAPARELLI, S. **Comunicação de massa sem massa.** São Paulo: Summus, 1986.

CARDOSO, F. H.; FALETTO, E. Dependência e Desenvolvimento na América Latina. [1970]. *In:* BIELSCHOWSKY, R. (org.). **50 Anos de Pensamento da CEPAL.** Rio de Janeiro: Record, 2000. p. 35-72.

CARVALHO, E. O modelo econômico: uma só nação, um mercado consumidor. *In:* NOVAES, A. (org.). **Anos 70:** ainda sob tempestade. Rio de Janeiro: Aeroplano; Editora Senac Rio, 2005. p. 457-461.

CASTELO, R. Presença de Florestan: subdesenvolvimento, capitalismo dependente e revolução no pensamento econômico brasileiro. *In:* MALTA, M. M. (coord.). **Ecos do desenvolvimento**: uma história do pensamento econômico brasileiro. Rio de Janeiro: IPEA, 2011. p. 291-328.

COELHO, F.; COHN, S. **Encontros – Tropicália**. Rio de Janeiro: Beco do Azougue, 2008.

CORRÊA, J. C. M. Longe do Trópico Despótico. Diário, Paris, 1977. In: STAAL, A. H. C. **Zé Celso Martinez Corrêa:** Primeiro Ato Cadernos, Depoimentos, Entrevistas *(1958-1974)*. São Paulo: Editora 34, 1998.

COUTINHO, C. N. Cultura e Sociedade no Brasil. *In:* COUTINHO, C. N. **Cultura e Sociedade no Brasil** – ensaios sobre ideias e formas. São Paulo: Expressão Popular, 2011. p. 495-520.

DAN Souza. Festival Record 1967 - Entrevista Caetano Veloso. **YouTube,** 8 jan. 2011. Disponível em: https://www.youtube.com/watch?v=E1FI-DAaY1Ug. Acesso em: 14 ago. 2024.

DE MARCHI, L. **A indústria fonográfica digital:** formação, lógica e tendências. Rio de Janeiro: Mauad X, 2023.

DELMANTO, J. **Camaradas caretas:** drogas e esquerda no Brasil. São Paulo: Alameda, 2015.

DIEGUES, C. Mais Trevas. **O Globo,** 5 jul. 2015.

DUNN, C. Tropicália: modernidade, alegoria e contracultura. *In:* BASUALDO, C. (org.). **Tropicália** - uma revolução na cultura brasileira [1967-1972]. São Paulo: Cosac Naify, 2007. p. 59-80.

DUNN, C. **Brutalidade jardim:** a Tropicália e o surgimento da contracultura brasileira. São Paulo: Editora Unesp, 2009.

É PROIBIDO Proibir – Caetano Veloso. **Tropicália,** Identifisignificados, [20--]. Disponível em: http://tropicalia.com.br/identifisignificados/e-proibido-proibir/discurso-de-caetano. Acesso em: 15 ago. 2024.

É PROIBIDO Proibir. Intérprete: Caetano Veloso. Composição: Caetano Veloso. *In:* **A ARTE DE CAETANO VELOSO**. Rio de Janeiro: PolyGram/ Philips, 1988. 1 disco vinil, faixa 6 (3m39s).

ECO, U. **Apocalípticos e integrados**. São Paulo: Perspectiva, 2008.

ELIAS, A. "Meu Coco": o olhar para dentro de Caetano Veloso. **Culturadoria**, 23 nov. 2021. Disponível em: https://culturadoria.com.br/ caetano-veloso-meu-coco/. Acesso em: 20 jul. 2024.

FAVARETTO, C. **Tropicália, Alegoria, Alegria**. Cotia, SP: Ateliê Editorial, 2007.

FEIO não é bonito. Intérprete: Carlos Lyra. Composição: Gianfrancesco Guarnieri e Carlos Lyra. *In*: **10 ANOS DE BOSSA NOVA** - Nº 03. Intérprete: Carlos Lyra. Rio de Janeiro: Philips-Phonogram, 1974. 1 disco vinil, faixa 8 (1m59s).

FERNANDES, F. **Capitalismo dependente e classes sociais na América Latina**. Rio de Janeiro: Zahar Editores, 1981.

FERREIRA, J. Cultura e resistência. *In:* SINGER, A. *et al.* **Por que gritamos golpe?**: para entender o impeachment e a crise. São Paulo: Boitempo, 2016. p. 115-118.

FILGUEIRAS, M. Com estética LGBT, Rico Dalasam lacra a cena do rap. **O Globo**, 10 out. 2015. Disponível em: https://oglobo.globo.com/cultura/ musica/com-estetica-lgbt-rico-dalasam-lacra-cena-do-rap-1-17740381. Acesso em: 15 ago. 2024.

FURTADO, C. **O mito do desenvolvimento econômico**. Rio de Janeiro: Paz e Terra, 1974.

FURTADO, C. **Dialética do desenvolvimento**. Rio de Janeiro: Fundo de Cultura, 1964.

GIL, G.; OLIVEIRA, A. (ed.). **Disposições amoráveis**. São Paulo: IYá Omin, 2015.

HALL, S. **Da Diáspora:** identidades e mediações culturais. Belo Horizonte: Editora UFMG; Brasília: Representação da Unesco no Brasil, 2003.

HALL, S. **Cultura e representação**. Rio de Janeiro: editora PUC-Rio: Apicuri, 2016.

HERMANN, J. Reformas, endividamento externo e o milagre econômico (1964-73). *In:* VILLELA, A.; GIAMBIAGI, F.; HERMANN, J.; CASTRO, L. B. de (org.). **Economia Brasileira Contemporânea:** 1945/2004. Rio de Janeiro: Campus, 2005. p. 69-92.

HOBSBAWM, E. J. **Era dos extremos o breve século XX, 1914-1991.** São Paulo: Companhia das Letras, 2008.

LINIKER: projeto musical viraliza na internet e conquista o Brasil. **Portal CBN Campinas,** 15 fev. 2016. http://www.portalcbncampinas.com.br/2016/02/projeto-musical-de-araraquara-viraliza-na-internet-e-se--apresenta-pelo-brasil/. Acesso em: 15 ago. 2024.

LOPES, R. T. Rosita Thomas Lopes informa. **Correio da Manhã**, Rio de Janeiro, 17 mar. 1968. Segundo Caderno, p. 1.

LOPES, M. As quatro famílias que decidiram derrubar um governo democrático. *In:* SINGER, A. *et al.* **Por que gritamos golpe?:** para entender o impeachment e a crise. São Paulo: Boitempo, 2016. p. 119-126.

LÖWY, M. Da tragédia à farsa: o golpe de 2016 no Brasil. *In:* SINGER, A. *et al.* **Por que gritamos golpe?:** para entender o impeachment e a crise. São Paulo: Boitempo, 2016. p. 61-68.

MACCORD, G. **Tropicália:** um caldeirão cultural. Rio de Janeiro: Ferreira, 2011.

MARIA, L. Picadinho. **Jornal do Brasil**, Rio de Janeiro, 11 fev. 1968.

MARTINS, R. **A rebelião romântica da jovem guarda.** São Paulo: Fulgor, 1966.

MATTELART, A. Estudiar comportamentos, consumos, hábitos y prácticas culturales. *In:* ALBORNOZ, L (org.). **Poder, médios, cultura** – una mirada crítica desde la economía política de la comunicación. Buenos Aires: Paidós, 2011. p. 157-176.

MATTOS, S. **História da televisão brasileira**. Petrópolis: Vozes, 2002.

MELLO, Z. H. **A era dos festivais:** uma parábola. São Paulo: Editora 34, 2003.

MEMÓRIA Globo, **Chacrinha**. Memória Globo, 29 out. 2021. Disponível em: https://memoriaglobo.globo.com/perfil/chacrinha/noticia/chacrinha.ghtml. Acesso em: 14 ago. 2024.

MÉSZÁROS, I. **A teoria da alienação em Marx**. São Paulo: Boitempo, 2006.

MONNERAT, H. C. **A politização da arte e a estetização da política, por que não?** – o Tropicalismo e seu legado. 2013. 257 f. Dissertação (Mestrado em Ciência da Literatura/ Teoria Literária) – Faculdade de Letras, Universidade Federal do Rio de Janeiro, Rio de Janeiro, 2013.

MORAES, D. Imaginário social, hegemonia cultural e comunicação. *In:* MORAES, D. **A batalha da mídia** – governos progressistas e políticas de comunicação na América Latina e outros ensaios. Rio de Janeiro: Pão e Rosas, 2009. p. 28-56.

MORELLI, R. **Indústria fonográfica:** um estudo antropológico. 2. ed. Campinas: Unicamp, 2009.

MOTTA, N. A Cruzada Tropicalista. *Última Hora,* 5 fev. 1968. **Tropicália**, Reportagens históricas, [20--]. Disponível em: http://tropicalia.com.br/v1/site/internas/report_cruzada.php. Acesso em: 14 ago. 2024.

MOTTA, N. **Noites Tropicais:** solos, improvisos e memórias musicais. Rio de Janeiro: Objetiva, 2009.

NAPOLITANO, M. A MPB na era da TV. *In:* RIBEIRO, A. P. G.; SACRAMENTO, I.; ROXO, M. (org.). **A história da TV no Brasil:** do início aos dias de hoje. São Paulo: Contexto, 2010. p. 85-106.

NAPOLITANO, M. **Cultura brasileira:** utopia e massificação (1950-1980). São Paulo: Contexto, 2001.

NAVES, S. C. **Da bossa nova à tropicália**. Rio de Janeiro: Jorge Zahar Editor, 2004.

NEGUINHO. Intérprete: Gal Costa. Composição: Edu Lobo e Gianfrancesco Guarnieri. *In:* **RECANTO**. Intérprete: Gal Costa. Rio de Janeiro: Universal Music Group, 2011. 1 CD, faixa 5 (5m35s).

NOBILE, L. Em novo disco, Tom Zé estuda as origens remotas do tropicalismo. **Folha de São Paulo**, São Paulo, 25 jul. 2012.

NOVAES, A. (org.). **Anos 70:** ainda sob tempestade. Rio de Janeiro: Aeroplano; Editora Senac Rio, 2005.

OLIVEIRA, F de. **Crítica à razão dualista/O ornitorrinco**. São Paulo: Boitempo Editorial, 2015.

ORTIZ, R. **Cultura Brasileira e Identidade Nacional**. São Paulo: Brasiliense, 1985.

ORTIZ, R. O mercado de bens simbólicos. *In:* ORTIZ, R. **Moderna tradição brasileira**. São Paulo: Editora Brasiliense, 1995. p. 113-148.

PAIXÃO, C. R. **Televisão e Música Popular na década de 60:** as vozes conflitantes de José Ramos Tinhorão e Augusto de Campos. 2013. 146 f. Dissertação (Mestrado em Comunicação) – Faculdade de Arquitetura, Artes e Comunicação, UNESP, Bauru, 2013.

PAIXÃO, M. Antropofagia e racismo: uma crítica ao modelo brasileiro de relações raciais. **Flacso Brasil**, p. 1-45, 2015. Disponível em: https://flacso.org.br/files/2015/10/antropofagia-e-racismo-marcelo-paixão.pdf. Acesso em: 20 jul. 2024.

PINOTTIDA, F. Osklen diz que Caetano Veloso "não é dono do tropicalismo" após processo. **CNN Brasil**, CNN Pop, São Paulo, 15 dez. 2023. Disponível em: https://www.cnnbrasil.com.br/entretenimento/osklen--diz-que-caetano-veloso-nao-e-dono-do-tropicalismo-apos-processo/. Acesso em: 15 ago. 2024.

PIRES, R. P. (org.). **Torquatália:** obra reunida de Torquato Neto. Rio de Janeiro: Rocco, 2004.

PONTE PRETA, S. Coluna do Stanislaw Ponte Preta. **O Cruzeiro**, Rio de Janeiro, ano 1967, n. 0065, p. 32, 23 dez. 1967. Disponível em: http://memoria.bn.gov.br/DocReader/003581/166061. Acesso em: 6 set. 2024.

QUE caminhos seguir na música popular brasileira – Mesa redonda. *Revista de Civilização Brasileira*, n. 2, maio 1966. **Tropicalia**, Eubioticamente atraídos – Reportagens Históricas, [20--]. Disponível em: http://tropicalia.com.br/en/eubioticamente-atraidos/reportagens-historicas/que-caminhos-seguir-na-mpb/. Acesso em: 14 ago. 2024.

RIBEIRO, D. **Aos trancos e barrancos** – como o Brasil deu no que deu. Rio de Janeiro: Guanabara, 1985.

RIDENTI, M. **Em busca do povo brasileiro:** artistas da revolução, do CPC à era da TV. São Paulo: Record, 2000.

ROGER Waters insiste para que Gil e Caetano cancelem show em Israel. **G1**, 10 jun. 2015. Disponível em: https://g1.globo.com/musica/noticia/2015/06/roger-waters-insiste-para-que-gil-e-caetano-cancelem-show-em-israel.html. Acesso em: 20 jul. 2024.

ROSZAK, T. **A contracultura**. Petrópolis: Vozes, 1972.

SAMPAIO, M. Odair José - o trovador da luz vermelha (parte 4). **O Povo**, Fortaleza, 19 nov. 2012. Disponível em: http://blog.opovo.com.br/discografia/odair-jose-o-trovador-da-luz-vermelha-parte-4/. Acesso em 15 mar. 2017.

SANTAELLA, L. **Convergências:** poesia concreta e tropicalismo. São Paulo: Nobel, 1986.

SANTIAGO, S. **Caetano Veloso enquanto super-astro**. *In:* SANTIAGO, S. Uma literatura nos trópicos – ensaios sobre dependência cultural. 2. ed. Rio de Janeiro: Rocco, 2000. p. 146-163.

SAUDOSISMO. Intérprete: Caetano Veloso. Composição: Caetano Veloso. *In:* **CAETANO VELOSO**. Rio de Janeiro: Universal Music, 1969. 1 disco vinil, faixa 11 (2m25s).

SCHNEIDER, M. **A dialética do gosto:** informação, música e política. Rio de Janeiro: Circuito/Faperj, 2015.

SCHNEIDER, M. Comunicação, classes sociais e cidadania: crítica da economia política e dos estudos culturais. **Eptic**, Sergipe, v. 15, n. 3 set./dez. 2013. Disponível em: https://seer.ufs.br/index.php/eptic/issue/view/149. Acesso em: 10 mar. 2017.

SCHWARZ, R. Cultura e Política, 1964-1969. *In:* SCHWARZ, R. **Cultura e Política**. 3. ed. São Paulo: Paz e Terra, 2009. p. 7-58.

SCHWARZ, R. Verdade Tropical: um percurso de nosso tempo. *In:* SCHWARZ, R. **Martinha versus Lucrecia** – ensaios e entrevistas. São Paulo: Companhia das Letras, 2012. p. 52-110.

SESSÃO DA TARDE. *In:* **WIKIPÉDIA**, a enciclopédia livre. Flórida: Wikimedia Foundation, 2024. Disponível em: https://pt.wikipedia.org/w/index.php?title=Sess%C3%A3o_da_Tarde&oldid=67669374. Acesso em: 15 ago. 2024.

SILVERSTONE, R. Preface. *In:* WILLIAMS, R. **Television:** Technology and Cultural Form, London and New York: Routledge, 2003. p. VII-XIII.

SINGER, A. *et al.* **Por que gritamos golpe?:** para entender o impeachment e a crise política no Brasil. São Paulo: Boitempo, 2016.

SOVIK, L. **Vaca profana:** teoria pós-moderna e Tropicália. 1994. 133 f. Tese (Doutorado em Ciências da Comunicação) – Escola de Comunicações e Artes da Universidade de São Paulo, São Paulo, 1994.

SOVIK, L. Cultura e política: 1967-2012: a durabilidade interpretativa da Tropicália. **Cadernos de estudos culturais**, Campo Grande, MS, v. 4, n. 8, p. 111-122, jul./dez. 2012.

SUSSEKIND, F. Brasil de fins dos anos 60. *In:* BASUALDO, C. (org.). **Tropicália** - uma revolução na cultura brasileira [1967-1972]. São Paulo: Cosac Naify, 2007. p. 31-58.

TINHORÃO, J. R. **Música Popular**: um tema em debate. Petrópolis: Vozes, 1966.

TOM ZÉ. *In:* **WIKIPÉDIA**, a enciclopédia livre. Flórida: Wikimedia Foundation, 2024. Disponível em: https://pt.wikipedia.org/w/index.php?title=Tom_Z%C3%A9&oldid=68113631. Acesso em: 15 ago. 2024.

TROPICALIA, ou Panis et Circencis. Intérpretes: Caetano Veloso, Gal Costa, Gilberto Gil, Nara Leão, Os Mutantes e Tom Zé. Rio de Janeiro: Philips, 1968. 1 disco vinil.

TROPICÁLIA - o filme. Direção: Marcelo Machado. Roteiro: Di Moretti, Marcelo Machado. Produção: BossaNovaFilms. Elenco: Caetano Veloso, Gilberto Gil, Rita Lee. Brasil: BossaNovaFilms, 2012. 1 vídeo (87 min).

TURNER, G. Prefácio à Edição Brasileira. *In:* WILLIAMS, R. **Televisão** – tecnologia e forma cultural. São Paulo: Boitempo; Belo Horizonte: PUCMinas, 2016. p. 7-12.

TV CULTURA. Vox Populi - Caetano Veloso. **YouTube**, 27 jul. 2012. Disponível em: https://www.youtube.com/watch?v=P_eJM8LiqU0. Acesso em: 20 jul. 2024.

ÚLTIMA HORA. *In:* **WIKIPÉDIA**, a enciclopédia livre. Flórida: Wikimedia Foundation, 2024. Disponível em: https://pt.wikipedia.org/w/index.php?title=Ultima_Hora&oldid=67612476. Acesso em: 15 ago. 2024.

URBANO Santiago. O Som do Vinil - Tropicália - Parte 1. **YouTube**, 4 mar. 2012. Disponível em: https://www.youtube.com/watch?v=yEh2IqtoER8. Acesso em: 20 jul. 2024.

VALVERDE, A. J. R. Estudando Tom Zé: Tropicália e o Lixo Lógico. **Revista de Filosofia Aurora**, Curitiba, v. 26, n. 39, p. 867-886, jul./dez. 2014.

VELOSO, C. **Verdade Tropical.** São Paulo: Companhia das Letras, 1997.

VELOSO, C. **É proibido proibir.** Discurso. Disponível em: http://tropicalia.com.br/identifisignificados/e-proibido-proibir/discurso-de-caetano. Acesso em: 7 set. 2024.

VELOSO, Caetano; GIL, Gilberto. **Tropicália 2.** [*S.l.*]: PolyGram, 1993. 1 CD (50 min, 12 s). 33 1/3 rpm, estéreo.

VIANNA, H. Políticas da tropicália. *In:* BASUALDO, C. (org.) **Tropicália -** uma revolução na cultura brasileira [1967-1972]. São Paulo: Cosac Naify, 2007. p. 131-144.

VICENTE, E. Organização, crescimento e crise: a indústria fonográfica brasileira nas décadas de 60 e 70. **Revista de Economia Política de las Tecnologias de la Información y Comunicación**, Aracaju, n. 8, v. 3, 2006.

WILLIAMS, R. **Cultura e Materialismo**. São Paulo: Editora Unesp, 2011.

WILLIAMS, R. **Televisão** – tecnologia e forma cultural. São Paulo: Boitempo; Belo Horizonte: PUCMinas, 2016.

WISNIK, J. M. O minuto ou o silêncio. Por favor, professor, uma década de cada vez. *In:* NOVAES, A. (org.). **Anos 70:** ainda sob tempestade. Rio de Janeiro: Aeroplano; Senac Rio, 2005. p. 25-37.

ZINCONE, R. **Parabolicamará:** Tropicália e a politização do cotidiano na TV. 2017. Dissertação (Mestrado em Mídia e Cotidiano) – Programa de Pós-Graduação em Mídia e Cotidiano, Universidade Federal Fluminense, Niterói, 2017.

ZIZEK, S. **Vivendo no fim dos tempos**. São Paulo: Boitempo, 2012.